왕초보 영어
에센스 일상 편

마스터 유진 지음

차 례

Chapter 1 가정

01	아기들이 울 땐 이유가 있다	10
02	한밤중의 비명	12
03	아빠의 서프라이즈를 깬 아들	14
04	아침부터 달달하게	16
05	전화기를 두고 나간 엄마	18
06	아들이 걱정되는 엄마	20
07	엄마의 팔순이 다가오네	22
08	음식 투정 멈추고 성숙해지거라	24
09	집안일 나눠서 하기	26
10	포장 이사를 믿어요	28
11	함께하는 것이 진짜 교육	30
12	딸의 서프라이즈 소식	32
13	장인어른 병문안 가는 남편	34
14	아들의 첫 봉급날	36
15	누나 둘 있어서 좋겠다	38
16	서로 아껴 주는 부부	40
17	공부로 밤새운 아들	42
18	새 학교에 적응한 아이	44
19	엄마는 다 알아	46
20	봉급 인상 받은 남편	48
Quiz		50
사용빈도 1억 단어		52
사용빈도 1억 표현		54

Chapter 2 일상

01	Peter는 실물이 더 나아	58
02	화재가 발생했습니다	60
03	영어 리스닝을 잘하려면	62
04	뒷좌석도 안전하진 않아	64
05	뭐만 뜨면 UFO 같아	66

06	엄청 웃긴 스탠드업 코미디언	68
07	안전거리는 생명 거리	70
08	곤충보다 무서운 그것은	72
09	피곤한 룸메이트	74
10	사내 커플에서 부부로	76
11	강아지에게 치명적인 초콜릿	78
12	옷 개는 게 너무 싫은 룸메이트	80
13	편두통 때문에 죽겠네	82
14	나도 이제 아이튜버	84
15	신사적인 이웃	86
16	무늬만 달리기	88
17	통통 부은 얼굴	90
18	생일엔 싸우는 게 아니야	92
19	도서관에서의 에티켓	94
20	폭풍 흡입하는 친구에게	96
Quiz		98
사용빈도 1억 단어		100
사용빈도 1억 표현		102

Chapter 3 직업

01	이래 봬도 모델입니다	106
02	승무원이 되고 싶은 아이	108
03	등만 좀 살살 해 주세요	110
04	간호사님은 천사야	112
05	택시에서 내리는 곳 정확히 말하기	114
06	이중 언어 구사자의 여유	116
07	차 크기에 따라 다른 세차비	118
08	20년 전통의 스테이크 하우스	120
09	범퍼 수리 전문점	122
10	느린 배송은 날 슬프게 해	124
11	손님이 원하신다면	126

12	1+1은 진리야	128
13	렌터카 대여소 직원	130
14	밤샘 작업은 지치지	132
15	휴가가 다가오는구나	134
16	자면서 통근하고 싶어	136
17	새로 온 인턴사원은 내 후배	138
18	복장 규율이 다른 직장	140
19	고장 난 복사기	142
20	사장님의 메시지	144
Quiz		146
사용빈도 1억 단어		148
사용빈도 1억 표현		150

Chapter 4 관계

01	차일 만했네	154
02	사과를 하려면 제대로 하라고	156
03	이런 분이 모태솔로라니	158
04	꽤 괜찮은 친구 마유	160
05	진작에 말을 해 주지 그랬어	162
06	자기 약간 의심스럽다	164
07	얘기가 좀 길어	166
08	마유를 위한 최고의 선물	168
09	진정한 친구는 바로 이런 거야	170
10	악플이 항상 나쁜 건 아니야	172
11	사랑에 빠진 내 친구	174
12	자기… 변했다	176
13	어르신을 공경하는 어린이가 되자	178
14	양해를 구하는 이웃	180
15	이 친구 참 이기적일세	182
16	양치기 소년이 되어 버린 나	184
17	우연히 마주친 그대	186

18	비가 오면 로맨스	188
19	사랑스러운 며느리	190
20	중매의 달인	192
Quiz		194
사용빈도 1억 단어		196
사용빈도 1억 표현		198

Chapter 5 여행

01	좌석 스크린 없이 비행할 순 없지	202
02	다리 좀 펴고 비행해 보자	204
03	뉴욕의 체감 온도는 최악이야	206
04	동물원에 가는 셔틀	208
05	내 스타일이지만 색상이 없을 땐	210
06	마가리타 한잔하실래요?	212
07	하와이는 못 참지	214
08	유스 호스텔에서 만난 외국인	216
09	시간당 3달러면 괜찮네	218
10	겨울엔 호텔에서 뭘 하나	220
11	리뷰가 전부는 아니야	222
12	바닷가에서는 무조건 안전하게	224
13	짐이 너무 많을 땐	226
14	오페라의 유령은 가격이 무서워	228
15	호텔 인터넷이 말썽이네	230
16	완벽한 구도로 사진 찍기	232
17	화장실을 자주 가는 나	234
18	긴급 의료 상황	236
19	의자 빌려 쓰기	238
20	반려동물 호텔	240
Quiz		242
사용빈도 1억 단어		244
사용빈도 1억 표현		246

교재 활용법

대화

그림을 보며 동시에 원어민의 대화를 미리 들어 보세요.

완벽하게 이해를 못해도 좋습니다. 문장별 해석을 보기 전에 대략의 내용을 상상해 보세요.

대화를 보지 않고 받아쓰기를 해 보는 것도 좋은 도전입니다.

대화문 mp3 제공

문장별 꿀팁

영어학습의 목표는 소통이며, 여행 영어도 예외는 아닙니다.

핵심표현이 들어간 문장만 익히는 것은 의미가 없습니다.

어휘, 문법, 발음, 예시, 문화와 관련된 꿀팁으로 모든 문장에 친숙해 지세요.

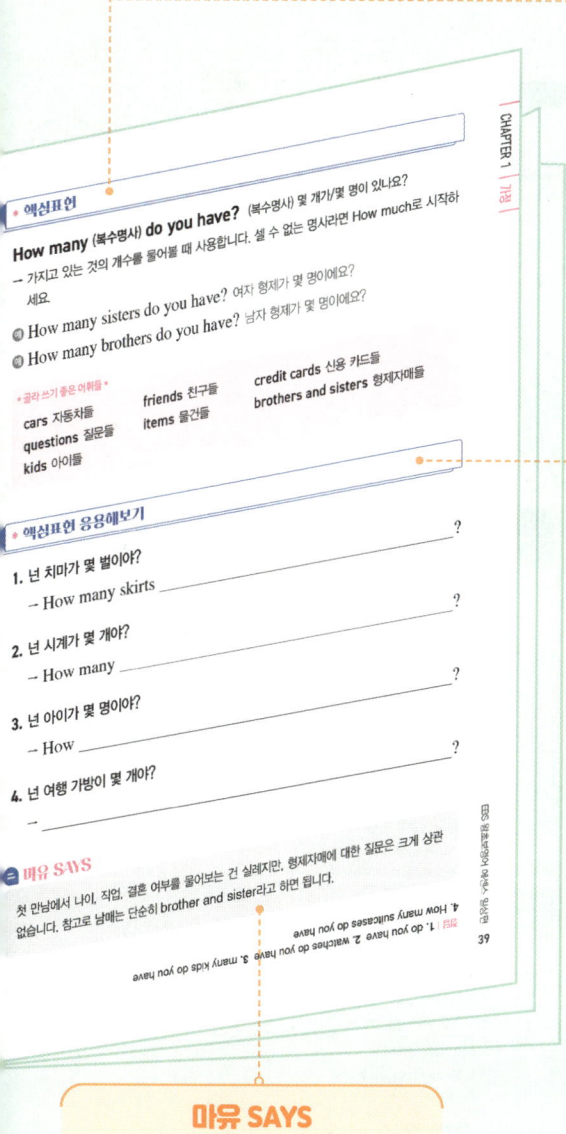

핵심표현

대화의 핵심이 되는 표현은 자유롭게 응용할 수 있는 패턴으로 설계 되어 있습니다.

설명과 예문을 참고하여 '암기'가 아닌 '이해'를 하세요.

핵심표현 응용

막상 상황이 닥쳤을 때 머리에만 맴돌던 정보가 바로바로 입으로 튀어나올 수 있게 체화시키는 훈련 단계입니다.

[1단계: 손영작]

모르는 단어는 사전을 사용해도 좋습니다.
손영작은 스피드가 생명이므로, 최대한 빠르게 쓰세요.

[2단계: 입영작]

손영작한 문장을 이번에는 입으로 내뱉으세요.
입영작은 자연스러움이 생명이므로, 표정, 억양, 몸짓을 총동원하여 연기하세요.

마유 SAYS

뼈와 살이 되는 마무리 팁입니다. 가볍게 알아 두셔도 좋습니다.

교재 활용법

QUIZ

1 다음 중 feed의 과거형은?
ⓐ feeded ⓑ fed ⓒ food ⓓ feeden

2 'be (~ing)'는 어떤 시제일까?
ⓐ 진행형 ⓑ 확정된 미래 사실
ⓒ ⓐ와 ⓑ 둘 다 맞음 ⓓ ⓐ와 ⓑ 둘 다 틀림

3 'Would you like'과 비슷한 표현은?
ⓐ Do you want to ⓑ Do you want
ⓒ Would you want to ⓓ Could you

4 'at'과 함께 쓸 수 있는 단어는?
ⓐ the gas station ⓑ Seoul
ⓒ Canada ⓓ New Jersey

5 'book'과 비슷한 의미의 동사는?
ⓐ plan ⓑ reserve ⓒ take

TIP
1 'feed'는 '(실제로) 먹인다'라는 뜻도 되고 '먹여 살린다'라는 뜻도 됩니다.
2 미래 시제에 가장 가까운 것은 'will'이나 'be going to'보다 'be (~ing)'입니다.
3 'Would you like'의 평서문 버전은 'I would like'입니다.
4 나라/주/도시는 한정된 장소가 아니라 지역이라 봐야겠죠? 그럴 땐 'in'입니다.
5 'reserve'의 명사는 'reservation(예약)'입니다.

퀴즈
1 퀴즈를 풀며 지난 20개의 에피소드를 복습합니다.
2 틀린 것을 완벽히 소화할 때까지 절대 진도를 넘어가지 마세요.

매유's Pick 사용빈도 1억 단어 ♥

mistake 실수
- I made a mistake. 나 실수했어.
- It was just a mistake. 그건 그냥 실수였어.

borrow 빌리다
- Can I borrow this? 나 이거 빌려도 돼?
- I borrowed a pen. 난 펜을 빌렸어.

polite 예의 바른, 공손한
- Be polite to others. 다른 사람들에게 예의 바르게 해.
- She is very polite. 그녀는 매우 공손해.

believe 믿다
- I believe you. 난 너를 믿어.
- Do you believe me? 넌 날 믿어?

tired 피곤한
- I am so tired. 나 엄청 피곤해.
- You look tired. 너 피곤해 보여.

book 책
- I read a book. 나 책 읽었어.
- This book is interesting. 이 책 흥미롭네.

fast 빠른
- He runs fast. 그는 빨리 달려.
- That car is fast. 저 차 빠르다.

opinion 의견
- What's your opinion? 네 의견은 어때?
- I respect your opinion. 난 네 의견을 존중해.

배유's Pick 사용빈도 1억 표현 ⭐

- [ ] **That makes sense.** 그거 말 되네.
- [ ] **Let me think about it.** 생각 좀 해 볼게요.
- [ ] **It's up to you.** 네가 결정해.
- [ ] **I didn't see that coming.** 그건 예상 못했어요.
- [ ] **What do you mean?** 무슨 말이야?
- [ ] **I'm just looking.** 그냥 둘러보는 중이에요.
- [ ] **It's not a big deal.** 별일 아니야.
- [ ] **Don't worry about it.** 신경 쓰지 마.
- [ ] **I appreciate it.** 고마워요.
- [ ] **I'm running late.** 나 늦고 있어.
- [ ] **I have no idea.** 전혀 모르겠어.
- [ ] **That sounds good to me.** 난 좋아.
- [ ] **You've got this.** 넌 할 수 있어.
- [ ] **I've been there.** 나도 그런 적 있어.
- [ ] **I'll take care of it.** 내가 처리할게.
- [ ] **Can I get this to go?** 이거 포장해 주실 수 있나요?
- [ ] **Can you go lower than that?** 조금 더 깎아 줄 수 있어요?
- [ ] **That's a good deal.** 괜찮은 가격이네요.
- [ ] **That's not what I meant.** 내 말은 그런 뜻이 아니었어.
- [ ] **I'm on my way.** 나 지금 가는 중이야.

문장

1 암기해도 아깝지 않을 정도의 문장들입니다. 하지만, 이왕이면!

→ 해당 문장이 쓰일 만한 상황을 직접 대화문으로도 만들어 보세요.

2 절대 눈으로 독해하지 마세요.

→ 소리 내어 입으로 낭독하세요. 웅얼거리지 마세요.

3 낭독할 때는 연기하듯 영혼을 담아 실감나게 하세요.

→ 스터디 멤버와 1:1로 연기 훈련을 하세요. 전혀 부끄럽지 않을 때까지.

단어

1 단어는 총알과 같습니다.

→ 미리 장전해 두어야 들을 수 있고 말할 수 있습니다.

2 의미를 익힌 후 반드시 '소리 내어' + '여러 번' 읽으세요.

→ 발음이 완벽할 필요는 없지만 강세는 바르게 줘야 합니다.

3 공책에 단어만 옮겨 암기하는 것은 금방 잊게 됩니다.

→ 해당 단어를 사용하여 간단한 문장을 여러 개 만드세요.

CHAPTER 01

01 아기들이 울 땐 이유가 있다
02 한밤중의 비명
03 아빠의 서프라이즈를 깬 아들
04 아침부터 달달하게
05 전화기를 두고 나간 엄마
06 아들이 걱정되는 엄마
07 엄마의 팔순이 다가오네
08 음식 투정 멈추고 성숙해지거라
09 집안일 나눠서 하기
10 포장 이사를 믿어요
11 함께하는 것이 진짜 교육
12 딸의 서프라이즈 소식
13 장인어른 병문안 가는 남편
14 아들의 첫 봉급날
15 누나 둘 있어서 좋겠다
16 서로 아껴 주는 부부
17 공부로 밤새운 아들
18 새 학교에 적응한 아이
19 엄마는 다 알아
20 봉급 인상 받은 남편

UNIT 01 아기들이 울 땐 이유가 있다

2024 하편 Day 016 | 2278회

A Honey, Mayu won't stop crying. 여보, 마유가 우는 걸 멈출 생각을 안 해요.
TIP 아예 안 하는 게 아니라 하다가 멈추는 것은 'stop (~ing)'로 표현하세요.

B Did you change his diaper? 기저귀 갈아 줬어요?
TIP change one's diaper는 '기저귀를 갈다'라는 덩어리 동사입니다.

A I did. I even fed him. 갈았어요. 맘마도 줬는데.
TIP fed의 현재형은 feed입니다.

B Let's check if he has a fever. 열이 있는지 확인해 봅시다.
TIP 고열이 있다면 have a high fever라는 덩어리 동사를 쓰세요.

✱ 핵심표현

won't (동사원형) (동사원형)할 생각을 안 하다
→ won't는 will not을 줄인 것으로 도저히 의지가 없음을 표현합니다.

- 예 She won't answer the phone. 걔는 전화받을 생각을 안 해.
- 예 The cars won't move. 차들이 움직일 생각을 안 해.

✱ 골라 쓰기 좋은 어휘들 ✱

eat 먹다
budge 꼼짝하다
come out of his/her room 방에서 나오다

move 움직이다
call me 내게 전화하다
wake up 잠에서 깨다

✱ 핵심표현 응용해보기

1. 내 고양이가 움직일 생각을 안 해!

→ My cat _____!

2. 내 아들이 아무것도 먹을 생각을 안 해!

→ My son won't _____!

3. 내 남편은 잠에서 깰 생각을 안 해!

→ My _____!

4. 그 문은 꼼짝할 생각을 안 해!

→ _____!

🗨 마유 SAYS

will은 미래 시제라기 보다는 '순간적 의지'라고 봐야 해요. 예를 들어, Will you marry me?라는 질문은 미래에 나와 결혼할 거냐고 묻는 게 아니라 결혼할 의지가 있냐고 물어보는 것이죠.

정답 | 1. won't move 2. eat anything 3. husband won't wake up 4. The door won't budge

UNIT 02 한밤중의 비명

CHAPTER 1 | 2024 하편 Day 066 | 2328회

문장별 꿀팁

A Oh, help me, God! I'm dying! 오, 맙소사! 나 죽겠어요!
> TIP 자신이 믿는 신을 외칠 땐 보통 G를 대문자로 씁니다.

B What's wrong, honey? Are you okay? 무슨 일이야, 여보? 괜찮아?
> TIP What's wrong?과 비슷한 표현으로는 What's the matter?가 있어요.

A I just stubbed my toe on the table! 탁자에 발가락을 찧었어!
> TIP stub은 '어딘가에 발가락을 찧다'라는 동사입니다.

B Ooh. That's the greatest pain in the world.
아이고. 세상 최고의 고통이지.
> TIP in the world를 과장해서 in the universe(우주에서)를 쓰기도 합니다.

✱ 핵심표현

be (~ing) (~ing)하고 있다

→ 원래 하는 행동이 아니어도 특정한 시점에 그 행동을 하고 있다면 진행형을 씁니다.

예 The ship is sinking. 배가 가라앉고 있어.
예 The bird is chirping. 새가 짹짹거리고 있어.

✱ 골라 쓰기 좋은 어휘들 ✱

sing 노래하다   drink 마시다   study 공부하다   work 일하다
run 달리다   walk 걷다   watch TV TV를 보다
cook something 뭔가를 요리하다

✱ 핵심표현 응용해보기

1. 난 노래하고 있어.

→ I am _____.

2. 우린 뭔가를 먹고 있어.

→ We are _____.

3. 내 아들은 공부하고 있어.

→ My _____.

4. 너 우유 마시고 있니?

→ Are _____?

🟰 마유 SAYS

be (~ing)는 진행형 외에 확정된 미래 사실을 표현하기도 합니다. 내일 이사를 가는 확정된 사실을 단순히 전달할 땐 We are moving tomorrow.(우리 내일 이사 가.) 이렇게도 쓸 수 있어요.

정답 | 1. singing 2. eating something 3. son is studying 4. you drinking milk

UNIT 03 아빠의 서프라이즈를 깬 아들

A Are you going out with Daddy on Valentine's Day?
밸런타인데이에 아빠랑 나가세요?

TIP go out 뒤에 on a date을 추가하면 '데이트하러 나가다'라는 뜻이 됩니다.

B I don't think so. He's too busy. 안 나갈 거 같은데. 아빠가 너무 바빠.

TIP too를 형용사 앞에 넣으면 '너무'라는 뜻, 즉 '과하다'라는 뜻이 됩니다.

B Why do you ask me that? 엄마한테 왜 그걸 물어보니?

TIP ask 뒤에 to를 넣는 실수를 하지 마세요. 예 ask to someone (X) → ask someone (O)

A I saw concert tickets on his desk.
아빠 책상 위에서 콘서트 티켓을 봤거든요.

TIP 책상, 테이블 등의 표면 '위에'라고 할 때는 전치사 on을 씁니다.

✱ 핵심표현

Why (질문 어순)? 왜 (질문 어순)이야?

→ 뭔가의 이유를 물어볼 때 씁니다. 뒤에는 무조건 질문 어순으로 이어 가 주세요.

- Why do you hate me? 너 왜 날 싫어해?
- Why did she quit? 걔는 왜 관뒀어?

✱ 골라 쓰기 좋은 어휘들 ✱

do you love me? 넌 날 사랑하니?   did they leave? 그들은 떠났니?
do you like it? 넌 그걸 좋아하니?   are you so mad? 넌 그렇게 화가 나 있니?

✱ 핵심표현 응용해보기

1. 넌 왜 사과를 좋아해?

→ Why do you like _____?

2. 너 왜 나한테 전화했어?

→ Why did you _____?

3. 그녀는 왜 널 싫어해?

→ Why does _____?

4. 너 왜 그렇게 슬퍼?

→ Why _____?

🔲 미유 SAYS

Why와 비슷한 How come(어째서)라는 표현이 있는데, 황당함이나 짜증 등을 표현할 때 자주 써요. 이 표현은 질문 어순이 아닌 평서문 어순으로 쓰세요.
- How come you are late? 너 어째서 늦은 거야?

정답 | **1.** apples **2.** call me **3.** she hate you **4.** are you so sad

UNIT 04 아침부터 달달하게

CHAPTER 1

2024 상편 Day 006 | 2138회

- How did you sleep, sweetness?
- I slept well. By the way, what's for breakfast?
- Pancakes! Would you like some syrup on yours?
- Of course! I want some ice cream on them, too!

문장별 꿀팁

A How did you sleep, sweetness? 잠자리는 어땠니, 얘야?

TIP 비슷하게는 Did you sleep well?(잘 잤니?)라는 표현이 있습니다.

B I slept well. By the way, what's for breakfast?

잘 잤어요. 그나저나, 아침은 뭐예요?

TIP By the way(그나저나)를 줄여 BTW라고도 씁니다.

A Pancakes! Would you like some syrup on yours?

팬케이크지! 시럽 좀 올려 줄까?

TIP 여기서 yours는 your pancakes를 받는 대명사입니다.

B Of course! I want some ice cream on them, too!

물론이죠! 아이스크림도 좀 올려 주세요!

TIP ice cream을 한 단어(icecream)로 붙여 쓰는 실수를 하지 않도록 유의하세요.

✱ 핵심표현

Would you like (명사)? (명사)를 원하시나요?
→ Would you like는 Do you want보다 더 예의를 갖춘 패턴입니다.

- 예 Would you like some ice cream on yours? 네 거에 아이스크림 올려 줄까?
- 예 Would you like a plastic bag? 비닐봉지를 원하시나요?

✱ 골라 쓰기 좋은 어휘들 ✱

receipt 영수증	box 상자	something to drink 마실 것
coffee 커피	tea 차	something to eat 먹을 것

✱ 핵심표현 응용해보기

1. 상자를 원하시나요?
→ Would you like a _____?

2. 마실 것을 원하시나요?
→ Would you like _____?

3. 빨대를 원하시나요?
→ Would _____?

4. 차를 좀 원하시나요?
→ _____?

🔴 마유 SAYS

Do you want를 쓴다고 해서 절대 무례한 표현은 아닙니다. 오히려 너무 친한 친구들끼리 대화할 때 Would you like는 어색할 수도 있어요.

정답 | 1. box 2. something to drink 3. you like a straw 4. Would you like some tea

UNIT 05 전화기를 두고 나간 엄마

A It's Dad. Can you put Mom on the phone?
아빠다. 엄마 좀 바꿔 줄 수 있겠니?

TIP 전화를 바꿔 준다고 할 때는 put (someone) on the phone을 쓰세요.

B She's not here. She's at the gym. 안 계세요. 헬스클럽에 계세요.

TIP 헬스클럽은 gym이라고 하는 것이 가장 보편적입니다.

A She's not answering her phone. 엄마가 전화를 안 받는구나.

TIP 전화를 받는다고 할 때는 answer the phone 혹은 pick up the phone을 쓰세요.

B Oh, she forgot her phone at home. 아, 집에 전화기를 두고 가셨어요.

TIP 물건을 깜빡하고 집에 두고 왔다고 할 때는 forget (something) at home을 쓰세요.

* 핵심표현

at (장소) (장소)에

→ 포괄적인 지역(나라/주/도시)이 아니라 한정된 장소(건물 등)에는 at을 써 주세요.

예 I am at the airport. 나 공항에 있어.

예 Are you still at the supermarket? 너 아직 슈퍼마켓에 있어?

* 골라 쓰기 좋은 어휘들 *

| work 회사 | building 건물 | hotel 호텔 | airport 공항 |
| school 학교 | shopping mall 쇼핑몰 | zoo 동물원 | hospital 병원 |

* 핵심표현 응용해보기

1. 나 호텔에 있어.

→ I am at the _____ .

2. 우리는 병원에 있어.

→ We are at _____ .

3. 너 쇼핑몰에 있니?

→ Are you _____ ?

4. 내 아들은 공항에 있어.

→ _____ .

마유 SAYS

한정된 장소에 있다 하더라도, 그 안에 들어와 있다는 걸 강조하고 싶다면 in을 쓸 수도 있습니다.

예 I'm at the hotel. (호텔이라는 건물에 있음) vs I'm in the hotel. (주차장 등이 아닌 호텔 안에 있음)

정답 | 1. hotel 2. the hospital 3. at the shopping mall 4. My son is at the airport

UNIT 06 | CHAPTER 1

아들이 걱정되는 엄마

2024 상편 Day 126 | 2258회

① Cheolgi is joining the army soon.
② I'm so worried about him.
③ He's not a baby. He'll be just fine.
④ He's just like you. Strong as a bull!

문장별 꿀팁

A Cheolgi is joining the army soon. 철기가 곧 군에 입대해요.
TIP join the army는 '군에 입대하다'라는 덩어리 동사입니다.

A I'm so worried about him. 엄청 걱정되네요.
TIP I worry about him.이라고 쓰면 '항상, 습관적으로' 걱정한다는 말입니다.

B He's not a baby. He'll be just fine. 아기가 아니니까 괜찮을 거예요.
TIP 어리광 부리지 말라고 할 땐 You're not a baby.라고 하세요.

B He's just like you. Strong as a bull!
딱 당신 같잖아요. 황소처럼 강하다고요!
TIP as strong as a bull은 결국 very strong(아주 강한)이라는 뜻입니다.

* 핵심표현

be worried + about (목적어) (목적어)를 걱정하다

→ 이미 걱정하고 있는 상태를 강조합니다. 한국어와 달리 영어에선 about을 필수로 넣으세요.

- I am worried about you. 난 네가 걱정돼.
- Aren't you worried about the exam? 너 그 시험 걱정 안 되니?

* 골라 쓰기 좋은 어휘들 *

me 나	you 너	your friend 네 친구
your future 네 미래	my career 내 커리어	something 무언가
job interview 면접		

* 핵심표현 응용해보기

1. 난 내 남편이 걱정돼.

→ I am worried about _____.

2. 난 내 미래가 걱정돼.

→ I am worried _____.

3. 그녀는 뭔가를 걱정하고 있어.

→ She is _____.

4. 넌 네 면접이 걱정되니?

→ _____?

마유 SAYS

미국은 군대가 자원제로 운영되며, 대부분 고등학교 졸업 후 입대합니다. 육군(Army), 해군(Navy), 공군(Air Force), 해병대(Marine Corps), 해안 경비대(Coast Guard), 우주군(Space Force)으로 구성되어 있어요.

정답 | **1.** my husband **2.** about my future **3.** worried about something **4.** Are you worried about your job interview

UNIT 07 엄마의 팔순이 다가오네

CHAPTER 1 | 2023 하편 Day 001 | 2003회

❶ Mom's 80th birthday is coming up!
❷ Should we throw a party for her?
❸ She doesn't like fancy parties. Remember?
❹ Let's just book a restaurant, then.

문장별 꿀팁

A Mom's 80th birthday is coming up! 엄마의 팔순이 다가오네!
TIP coming up은 명사 앞에 넣지 못합니다. 예 a coming up party (X)

B Should we throw a party for her? 파티를 열어 드려야 하나?
TIP '~를 위한 파티를 열어 주다'라고 할 땐 throw a party for (someone)을 쓰세요.

A She doesn't like fancy parties. Remember?
화려한 파티 안 좋아하시잖아. 기억해?
TIP fancy(화려한)이란 단어는 종종 못마땅한 뉘앙스로 사용됩니다.

B Let's just book a restaurant, then. 그럼 그냥 식당을 예약하자.
TIP book(예약하다)은 reserve보다 더 캐주얼한 동사입니다.

* 핵심표현

Let's (동사원형). (동사원형)하자.

→ 반대로, '~하지 말자'라고 할 땐 Let's not (동사원형).을 사용하세요. 예 Let's not eat here.

예 Let's wait downstairs. 아래층에서 기다리자.

예 Let's be friends. 친구가 되자.

* 골라 쓰기 좋은 어휘들 *

go home 집에 가다   study hard 열심히 공부하다   watch a movie 영화를 보다
be honest 솔직해지다   have lunch 점심을 먹다   ask Mom 엄마에게 여쭤보다

* 핵심표현 응용해보기

1. 집에 가자.

→ Let's go _____ .

2. 영어를 공부하자.

→ Let's _____ .

3. 영화 보자.

→ Let's _____ .

4. 솔직해지자.

→ _____ .

🔵 마유 SAYS

미국에선 가족 위주의 모임을 굉장히 중요시하는 편입니다. 예를 들어, 크리스마스에도 단순히 친구나 연인끼리 만나 즐기는 것보다 가족끼리 모여 대화를 나누는 경우가 더 흔합니다.

정답 | 1. home 2. study English 3. watch a movie 4. Let's be honest

UNIT 08 음식 투정 멈추고 성숙해지거라

2023 하편 Day 056 | 2058회

문장별 꿀팁

A I don't want to eat veggies! 채소 먹기 싫어요!
TIP veggie는 vegetable을 줄인 표현입니다.

B Don't be a baby. They're not too bad.
아기처럼 굴지 마. 그렇게 나쁘진 않아.
TIP '철 들어라!'라는 의미의 조금 강한 표현이 있는데 바로 Grow up!입니다.

A Can I eat something else? 다른 거 먹으면 안 돼요?
TIP something else(다른 것) 외에 someone else/somewhere else도 응용하세요.

B Stop whining. Veggies are good for you.
그만 징징거려. 채소는 몸에 좋은 거야.
TIP whine은 '징징대다'라는 동사입니다. wine과 발음은 같아요.

* 핵심표현

Don't be (명사). (명사)가 되지 마. / (명사)처럼 굴지 마.

→ 명사의 자리에 형용사를 넣어도 됩니다. 예 Don't be mean.

예 Don't be a scrooge. 구두쇠가 되지 마.

예 Don't be a sourpuss. 퉁한 사람[투덜이]처럼 굴지 마.

* 골라 쓰기 좋은 어휘들 *

liar 거짓말쟁이　　selfish person 이기적인 사람　　baby 아기
stranger 낯선 사람　coward 겁쟁이　　　　　　　quitter 포기자
fool 어리석은 사람

* 핵심표현 응용해보기

1. 거짓말쟁이가 되지 마.

→ Don't be a _____.

2. 겁쟁이가 되지 마.

→ Don't be _____.

3. 어리석은 사람이 되지 마.

→ Don't _____.

4. 포기자가 되지 마.

→ _____.

마유 SAYS

뭔가에 까다로운 사람을 picky하다고 표현합니다. 그래서 편식하는 사람을 a picky eater라고 해요. 편식하지 말라고 할 땐 Don't be picky. 혹은 Don't be a picky eater.라고 하면 되겠죠?

정답 | 1. liar 2. a coward 3. be a fool 4. Don't be a quitter

UNIT 09 집안일 나눠서 하기

2023 상편 Day 016 | 1888회

문장별 꿀팁

A How come you never do the dishes?
어째서 절대 설거지를 안 하는 거야?
TIP 설거지를 한다고 할 땐 do the dishes 혹은 wash the dishes를 쓰세요.

B I always take out the trash, though. 그래도 항상 쓰레기 내다 버리잖아.
TIP 쓰레기를 내다 버린다고 할 땐 take out the trash 혹은 take out the garbage를 쓰세요.

A Let's take turns from now on. 이제부터 교대로 하자.
TIP take turns는 순서를 돌아가며 바꾼다는 말입니다.

B That sounds fair enough. 충분히 공평한 거 같네.
TIP fair의 반대는 unfair(불공평한)입니다.

✱ 핵심표현

How come (평서문)? 어째서 (평서문)인 거야?

→ 도저히 이해가 안 감, 황당함, 짜증남을 표현할 때 유용합니다. (질문이기 보다는 감정 표현)

📌 How come you always forget my name?
   어째서 넌 항상 내 이름을 잊어버리는 거야?

📌 How come she doesn't like me? 어째서 그녀는 날 안 좋아하는 거야?

골라 쓰기 좋은 어휘들

you are still here 넌 아직도 여기 있어   **you always lie** 넌 항상 거짓말을 해
she doesn't text you 그녀는 너에게 문자 안 해
you don't call me anymore 넌 더 이상 내게 전화 안 해

✱ 핵심표현 응용해보기

1. 그녀는 어째서 항상 거짓말하는 거야?

   → How come she always _____?

2. 넌 어째서 채소를 안 먹는 거야?

   → How come you don't _____?

3. 넌 어째서 나한테 더 이상 전화 안 하는 거야?

   → How come you don't _____?

4. 그는 어째서 여기 없는 거야?

   → _____?

🔹 마유 SAYS

from now on(지금부터)은 사실 응용이 가능합니다. 여기서 'on' 은 '계속 유지'를 의미해요.
📌 from today on (오늘부터) / from that day on (그날부터) /
   from tomorrow on (내일부터)

정답 | 1. lies 2. eat veggies 3. call me anymore 4. How come he is not here

UNIT 10 포장 이사를 믿어요

문장별 꿀팁

A **We have to move out by the 30th.** 우리 30일까지 이사 나가야 해.

TIP '월'을 쓰지 않고 '일'만 쓸 때는 앞에 the를 넣어 주세요.

A **We should start packing.** 짐 싸기 시작해야겠어.

TIP should는 have to보다 의무감이 조금 더 떨어집니다.

B **We don't have to, honey.** 우리 그럴 필요 없어, 여보.

TIP don't have to보다 don't need to를 쓰면 어감이 더 부드러워집니다.

B **We are going to use a full moving service.** 우리 포장 이사 서비스 이용할 거야.

TIP be going to는 이미 계획해 놓은 걸 이룰 거라고 말할 때 씁니다.

* 핵심표현

don't have to (동사원형) (동사원형)할 필요 없다/안 해도 된다
→ 비슷하게 보이는 must not은 '절대 하면 안 된다'라는 뜻이므로 주의하세요.

- You don't have to worry. 걱정할 필요 없어.
- She doesn't have to come here. 그녀는 여기 안 와도 돼.

* 골라 쓰기 좋은 어휘들 *

lie 거짓말하다　　　wake up early 일찍 일어나다　　pay now 지금 돈을 내다
come back 돌아오다　do it alone 혼자 그걸 하다　　be sad 슬퍼하다

* 핵심표현 응용해보기

1. 너 울지 않아도 돼.

→ You don't have to _____.

2. 우리 거기 안 가도 돼.

→ We don't _____.

3. 그들은 일찍 일어나지 않아도 돼.

→ They _____.

4. 너 화내지 않아도 돼.

→ _____.

🔵 마유 SAYS

미국은 인건비가 너무 비싸서 웬만해선 full moving service를 이용하지 않습니다. U-Haul 같은 곳에서 moving truck(이삿짐 트럭)을 대여해 직접 옮기는 경우도 굉장히 흔합니다.

정답 | 1. cry 2. have to go there 3. don't have to wake up early 4. You don't have to be mad/angry

UNIT 11 함께하는 것이 진짜 교육

문장별 꿀팁

A You can play after reading this book. 이 책 읽은 후에 놀아도 돼.
TIP 아이들이 논다고 할 땐 hang out 보다는 play를 씁니다.

B I don't want to... It's not fun. 읽기 싫어요… 재미없어요.
TIP fun은 재미있다는 말이지 funny(웃기다)라는 말이 아닙니다.

B Can you read it with me? 저랑 같이 읽어 주실 수 있어요?
TIP '~에게 읽어 준다'라고 할 땐 read it to (someone)을 쓰세요.

A Sure! Let's watch a cartoon together, too. 그럼! 만화도 같이 보자.
TIP cartoon(만화) 중에서도 3D등 다양한 기술을 쓰는 것을 animation이라고 합니다.

* 핵심표현

after (~ing) (~ing)한 후에 / (~ing)하고 나서
→ after 앞뒤의 주체가 같을 경우에만 이런 모양으로 사용할 수 있습니다.

- Eat it after washing your hands. 손을 씻은 후에 그걸 먹어.
- I brushed my teeth after eating candy. 난 캔디를 먹고 나서 이를 닦았어.

* 골라 쓰기 좋은 어휘들 *

taking a shower 샤워하는 것　　brushing your teeth 네 이를 닦는 것
finishing your homework 네 숙제를 마치는 것
playing with the toys 장난감을 가지고 노는 것

* 핵심표현 응용해보기

1. 샤워하고 나서 머리를 말려.

→ Dry your hair after _____.

2. 설거지하고 나서 쓰레기를 내다 버려.

→ Take out the trash _____.

3. 이를 닦고 나서 잠자리에 들어.

→ Go to bed _____.

4. 난 내 숙제를 마치고 나서 TV를 봤어.

→ _____.

마유 SAYS

아이가 영어를 잘하려면 부모가 시키는 것이 아니라 무조건 '함께'해 줘야 합니다. 영어는 외주(outsourcing)를 주는 게 아닙니다. 부모를 따라 하는 것이 아이 입장에서는 가장 효율적이기 때문이죠.

정답 | **1.** taking a shower **2.** after doing the dishes **3.** after brushing your teeth **4.** I watched TV after finishing my homework

UNIT 12 | 딸의 서프라이즈 소식

문장별 꿀팁

A Guess what, honey. 뭐 하나 맞혀 봐요, 여보.

TIP Guess what.은 즐거운 혹은 당황스러운 서프라이즈를 전할 때 쓰는 관용적인 표현입니다.

B What... You're making me nervous... 뭔데요… 긴장되잖아요…

TIP Guess what.이라는 말에는 거의 100% What.이라고 답합니다.

A Our daughter Jessica is pregnant! 우리 딸 Jessica가 임신했어요!

TIP 임신 몇 개월인지 쓰려면 '(숫자) months pregnant'의 형식으로 쓰세요.

B Holy moly! We are going to be grandparents!
맙소사! 우리 할머니, 할아버지가 되는 거네요!

TIP Holy moly!는 놀라움을 나타내는 감탄사이며, 비슷하게는 Oh, my goodness!가 있습니다.

✱ 핵심표현

make (목적어) + (형용사) (목적어)를 (형용사)하게 만들다
→ 형용사 자리에 동사를 넣어도 됩니다. 예) You made me cry.

- You make me happy. 넌 날 행복하게 만들어.
- This song makes me sad. 이 노래는 날 슬프게 만들어.

✱ 골라 쓰기 좋은 어휘들 ✱

| happy 행복한 | depressed 우울한 | confused 혼란스러운 | strong 강한 |
| upset 기분이 상한 | tired 피곤한 | nervous 긴장한 | jealous 질투하는 |

✱ 핵심표현 응용해보기

1. 넌 날 항상 행복하게 만들어.

→ You always make _____.

2. 그녀는 우릴 혼란스럽게 만들었어.

→ She made _____.

3. 날 질투 나게 만들지 마.

→ Don't _____.

4. 내가 널 긴장하게 만들었니?

→ _____?

🅼 마유 SAYS

임신 소식 자체를 알리는 것도 큰 이벤트이지만 아이의 성별을 지인들에게 알리는 이벤트도 유행입니다. 특정한 색상의 풍선을 공중에 띄우거나, 특정한 색상의 폭죽을 터뜨리기도 합니다.

정답 | 1. me happy 2. us confused 3. make me jealous 4. Did I make you nervous

UNIT 13 CHAPTER 1

장인어른 병문안 가는 남편

2022 하반 Day 106 | 1848회

문장별 꿀팁

A I'm going to visit your dad in the hospital after work.
퇴근 후에 아버님 병문안 갈 거야.

TIP after work(퇴근 후에)와 함께 after school(하교 후에)도 알아 두세요.

A Should I bring him some food? 음식을 좀 가져가야 하나?

TIP Should I~?는 '~해야 할까?, ~하는 게 좋을까?' 정도로 해석하세요.

B I don't think food is allowed. 음식은 허용이 안 될 거예요.

TIP allowed는 '얼로우드'가 아니라 '얼라우드'에 가깝게 발음하세요.

B Bring him something to read. 읽을 걸 가져다드려요.

TIP bring은 대화에 핵심으로 나오는 사람에게 뭔가를 가까이 가져간다는 말입니다.

핵심표현

visit (목적어) + in the hospital (목적어)의 병문안을 가다
→ in 대신 at을 쓰면 병원에서 일하는 사람을 방문한다는 느낌이 될 수도 있으니 유의하세요.

- Let's visit Grandpa in the hospital. 할아버지 병문안을 가자.
- We visited our boss in the hospital. 우린 부장님 병문안을 갔어.

골라 쓰기 좋은 어휘들

my father 나의 아버지	my grandmother 나의 할머니	my boss 나의 상사
my coworker 내 직장 동료	my friend 내 친구	someone 누군가

핵심표현 응용해보기

1. 너의 할머니 병문안을 가자.

→ Let's visit your grandmother _____.

2. 난 그의 병문안을 갔어.

→ I visited _____.

3. 난 내 친구의 병문안을 가고 싶어.

→ I want to _____.

4. 우리 그녀의 병문안을 가야겠어.

→ _____.

마유 SAYS

입원했다고 할 때는 be hospitalized를 쓰세요. ⓔ I was hospitalized for 3 weeks.
더 가볍게 쓸 땐 be in the hospital을 쓰세요. ⓔ I was in the hospital for 3 weeks.

정답 | **1.** in the hospital **2.** him in the hospital **3.** visit my friend in the hospital **4.** We should visit her in the hospital

UNIT 14 아들의 첫 봉급날

2022 상편 Day 016 | 1628회

문장별 꿀팁

A Someone looks happy today. 오늘 누군가 행복해 보이네.

TIP 상대방의 모습이나 행동을 위트 있게 표현할 때 someone으로 지칭해 씁니다.

B I got my first paycheck. 첫 봉급을 받았거든요.

TIP 봉급을 수표로 받는 시대는 지났지만 여전히 paycheck이라는 단어를 자주 씁니다.

B I'm going to buy you something nice with it. 그걸로 엄마한테 뭔가 좋은 걸 사 드릴 거예요.

TIP 이렇게 with는 '~를 가지고 (→ ~로)'라는 의미로 사용합니다.

A Oh, don't make me cry. 오, 엄마 울리지 마.

TIP cry 외에 shed tears(눈물을 흘리다)도 알아 두세요.

✱ 핵심표현

look (형용사) (형용사)해 보이다

→ 겉으로 보이는 모습을 표현할 때 씁니다. look 대신 seem을 쓰면 분위기를 묘사할 때 더 좋아요.

- 예) You look sick. 너 아파 보여.
- 예) She looks confused. 그녀는 혼란스러워 보여.

✱ 골라 쓰기 좋은 어휘들 ✱

| shocked 충격 받은 | surprised 놀란 | handsome 잘생긴 | cute 귀여운 |
| tall 키가 큰 | expensive 비싼 | fancy 화려한 | cheap 저렴한 |

✱ 핵심표현 응용해보기

1. 너 잘생겨 보여!

→ You look _____!

2. 너 오늘 엄청 귀여워 보여!

→ You look _____!

3. 이 자동차는 비싸 보이네.

→ This car _____.

4. 그건 저렴해 보이지는 않아.

→ _____.

💬 마유 SAYS

미국에서는 첫 월급으로 부모님께 선물을 드리는 전통은 따로 없지만, 여전히 아시아계 가정에서는 첫 월급으로 식사 대접이나 소소한 선물을 하는 경우가 흔합니다.

정답 | 1. handsome 2. so cute today 3. looks expensive 4. It doesn't look cheap

UNIT 15 | CHAPTER 1

누나 둘 있어서 좋겠다

2022 상편 Day 071 | 1683회

❶ How many siblings do you have?
❷ I have two older sisters.
❸ I am the youngest of the three.
❹ Oh, I'm an only child.

문장별 꿀팁

A How many siblings do you have? 형제자매가 몇 명이에요?
TIP siblings 대신 brothers and sisters라고 물어봐도 됩니다.

B I have two older sisters. 누나가 두 명 있어요.
TIP 일반적으로는 굳이 older/younger를 넣지 않아요.

B I am the youngest of the three. 제가 세 명 중에 막내예요.
TIP '여러 명 중에'라고 할 땐, 이렇게 of를 쓰면 됩니다.

A Oh, I'm an only child. 오, 저는 외동이에요.
TIP only child를 쓰거나 I don't have any brothers or sisters.라고 하면 됩니다.

※ 핵심표현

How many (복수명사) do you have? (복수명사) 몇 개가/몇 명이 있나요?

→ 가지고 있는 것의 개수를 물어볼 때 사용합니다. 셀 수 없는 명사라면 How much로 시작하세요.

- 예) How many sisters do you have? 여자 형제가 몇 명이에요?
- 예) How many brothers do you have? 남자 형제가 몇 명이에요?

※ 골라 쓰기 좋은 어휘들 ※

cars 자동차들　　friends 친구들　　credit cards 신용 카드들
questions 질문들　items 물건들　　brothers and sisters 형제자매들
kids 아이들

※ 핵심표현 응용해보기

1. 넌 치마가 몇 벌이야?

→ How many skirts _____?

2. 넌 시계가 몇 개야?

→ How many _____?

3. 넌 아이가 몇 명이야?

→ How _____?

4. 넌 여행 가방이 몇 개야?

→ _____?

📢 마유 SAYS

첫 만남에서 나이, 직업, 결혼 여부를 물어보는 건 실례지만, 형제자매에 대한 질문은 크게 상관 없습니다. 참고로 남매는 단순히 brother and sister라고 하면 됩니다.

정답 | 1. do you have 2. watches do you have 3. many kids do you have 4. How many suitcases do you have

UNIT 16 | 서로 아껴 주는 부부

CHAPTER 1 · 2022 상편 Day 121 · 1733회

문장별 꿀팁

A Can you do the dishes? 설거지해 줄 수 있어요?

TIP do the dishes 대신 wash the dishes를 써도 좋습니다.

B Of course. It's my turn anyway. 물론이죠. 어차피 내 차례예요.

TIP '~의 차례'라고 할 땐 It's my/your/our turn. 등으로 응용하세요.

A Thanks. I'm too tired from work. 고마워요. 일 때문에 너무 피곤하네요.

TIP 피곤한 이유를 쓸 땐 from과 함께 쓰세요.

B Get some sleep. I'll do everything. 좀 자요. 내가 다 할게요.

TIP Get some rest.(좀 쉬어.)도 함께 알아 두세요.

* 핵심표현

(평서문) anyway. 어차피 (평서문)이야.

→ anyway를 문장 맨 뒤에 comma(,) 없이 넣으면 이런 뜻이 됩니다.

예 I have to go anyway. 나 어차피 가야 돼.

예 It's your turn anyway. 어차피 네 차례야.

> *골라 쓰기 좋은 어휘들*
>
> **I am late** 나 늦었어
> **I have to eat** 나 먹어야 해
> **We don't have money** 우리 돈 없어
> **I have to go home** 나 집에 가야 해
> **I don't like it** 나 그거 안 좋아해

* 핵심표현 응용해보기

1. 우리 어차피 늦었어.

→ We are late _____.

2. 나 어차피 점심 먹어야 해.

→ I have to eat _____.

3. 나 어차피 그거 안 좋아해.

→ I don't _____.

4. 우리 어차피 학교에 가야 해.

→ _____.

마유 SAYS

Anyway를 문장 맨 뒤가 아닌 맨 앞에 comma(,)와 함께 쓰면, '아무튼'이라며 분위기를 환기시키거나 주제를 바꾸는 느낌이 됩니다. 예 **Anyway, I have to go.** 아무튼, 나 가야 돼.

정답 | 1. anyway 2. lunch anyway 3. like it anyway 4. We have to go to school anyway

UNIT 17 공부로 밤새운 아들

CHAPTER 1

2021 하편 Day 006 | 1488회

문장별 꿀팁

A Mom, can I take a nap for 30 minutes?
엄마, 저 30분 동안 낮잠 자도 돼요?

TIP 영국에서는 take a nap 대신 have a nap도 씁니다.

B Go ahead. You look so tired. 어서 그러렴. 엄청 피곤해 보이네.

TIP Go ahead.는 어서 그렇게 진행하라는 허락의 느낌을 줍니다.

A I stayed up all night. 저 밤새웠어요.

TIP stay up all night(밤새우다)보다 캐주얼하게 pull an all-nighter라는 표현도 있어요.

B Get some rest. 좀 쉬어.

TIP Take a rest.는 틀린 말입니다. 주의하세요.

* 핵심표현

take a nap 낮잠 자다, 잠깐 자다

→ 얼마나 잤는지 표현하려면 뒤에 for 30 minutes 등을 추가하세요.

- I want to take a nap. 나 낮잠 자고 싶어.
- I took a nap for 30 minutes. 나 30분 동안 낮잠 잤어.

골라 쓰기 좋은 어휘들

for 10 minutes 10분 동안   for a minute 아주 잠깐 동안
for two hours 두 시간 동안   for too long 너무 오랫동안

* 핵심표현 응용해보기

1. 난 낮잠을 잤어.

→ I took _____.

2. 나 낮잠 자도 돼?

→ Can I _____?

3. 그녀는 30분 동안 낮잠을 잤어.

→ She _____.

4. 10분 동안 낮잠을 자자.

→ _____.

🅂 마유 SAYS

take a nap과 비슷한 표현으로 장난스럽게 쓰는 표현이 있는데, catch some Zs입니다.
만화에서도 자는 사람의 머리 위에 Zzzzzzzz라고 써 있는 게 그런 의미예요.

정답 | 1. a nap 2. take a nap 3. took a nap for 30 minutes 4. Let's take a nap for 10 minutes

UNIT 18 새 학교에 적응한 아이

문장별 꿀팁

A Have you made any friends? 친구들 좀 사귀었니?

TIP make friends는 '친구를 사귀다'라는 덩어리 동사입니다.

B Yeah, everyone is all nice to me. 네, 저한테 모두들 잘해 줘요.

TIP all은 '모두'라는 뜻이 될 수도 있고, '완전히'라는 뜻이 될 수도 있어요.

B The teachers are friendly and helpful, too.
선생님들도 상냥하고 도움이 돼 주세요.

TIP friendly는 상냥하다는 뜻이지 친하다는 뜻이 아닙니다. 친한 것은 close라고 표현합니다.

A Oh, I'm so relieved. 오, 아주 마음이 놓이는구나.

TIP 다행이라는 표현을 더 강하게 할 땐 Oh, thank goodness! 정도가 있습니다.

＊ 핵심표현

be nice to (명사) (명사)에게 잘해 주다

→ 남에게 잘 대해 준다는 표현입니다. nice 대신 good/kind도 가능하지만 nice를 훨씬 더 자주 씁니다.

- 예) Be nice to your little sister. 네 여동생에게 잘해 줘.
- 예) I am nice to my brothers. 난 내 남동생들에게 잘해 줘.

＊골라 쓰기 좋은 어휘들＊

your friends 네 친구들	my husband 내 남편	my girlfriend 내 여자 친구
everyone 모두	ladies 여자분들	anyone 누구에게나

＊ 핵심표현 응용해보기

1. 나한테 잘해 줘.

→ Be nice _____.

2. 네 여자 친구에게 잘해 줘.

→ Be _____.

3. 난 항상 내 친구들에게 잘해 줘.

→ I am always _____.

4. 그녀는 항상 우리에게 잘해 줘.

→ _____.

🔲 마유 SAYS

미국에선 Be nice to others.(남에게 잘하라.)라는 개념을 어릴 적부터 교육받습니다. 문을 잡아 주고, 의자를 빼 주고, 양보하는 에티켓도 그렇지만 무엇보다 '먼저 인사하는' 교육이 선행됩니다.

정답 | 1. to me 2. nice to your girlfriend 3. nice to my friends 4. She is always nice to us

UNIT 19 — 엄마는 다 알아

문장별 꿀팁

A Can I tell you a secret, Mom? 비밀 말해 줘도 돼요, 엄마?

TIP 본인의 엄마를 호칭하며 부를 땐 my를 쓸 필요가 없습니다.

B Let me guess. You have a girlfriend! 맞혀 볼게. 너 여자 친구 있구나!

TIP Let me guess.는 이미 답을 안 다는 뉘앙스를 풍깁니다.

A How did you know that? 그걸 어떻게 아셨어요?

TIP How는 방법이나 상태를 물어보는 의문사입니다.

B Mommy knows everything, sweetie. 엄마는 모든 걸 알고 있단다, 얘야.

TIP Mommy는 아이가 Mom을 더 애교 있게 부르는 말이고, 성인은 Mom을 주로 씁니다.

* 핵심표현

Let me (동사원형). (동사원형)하게 해 줘. (→ 할게.)

→ I will이라고 하는 것보다 더 조심스럽고 부드러운 느낌을 줍니다.

예 Let me guess your age. 네 나이를 맞혀 볼게.

예 Let me send someone there. 거기에 누군가를 보낼게요.

* 골라 쓰기 좋은 어휘들 *

guess 맞추다
ask you something 너에게 뭔가를 물어보다
get you some coffee 너에게 커피를 좀 가져다주다
help you 널 도와주다
try 시도해 보다

* 핵심표현 응용해보기

1. 당신을 도와줄게요.

→ Let me _____ .

2. 당신에게 차를 좀 가져다드릴게요.

→ Let me get you _____ .

3. 다시 시도해 볼게요.

→ Let _____ .

4. 제 차를 옮길게요.

→ _____ .

🅔 마유 SAYS

will은 순간적인 의지를 강조하기 때문에, 예를 들어 중요 인사에게 질문을 하는 상황에서는 무례하게 들릴 수 있습니다. '전 당신에게 질문을 할 겁니다.'라는 느낌일 수 있죠.

정답 | **1.** help you **2.** some tea **3.** me try again **4.** Let me move my car

UNIT 20

봉급 인상 받은 남편

2021 상편 Day 111 | 1463회

❶ Sweetheart! I finally got a raise!
❷ That's unbelievable! Congratulations!
❸ Oh, honey. I'm so happy for you!
❹ I'll buy you something nice!

문장별 꿀팁

A **Sweetheart! I finally got a raise!** 자기야! 나 마침내 봉급 인상 받았어요!

TIP get a raise(봉급 인상 받다)와 get a promotion(승진하다)을 같이 알아 두세요.

B **That's unbelievable! Congratulations!** 믿을 수가 없네요! 축하해요!

TIP Congratulations의 맨 뒤에 's'를 빼면 콩글리시입니다.

B **Oh, honey. I'm so happy for you!** 오, 자기야. 너무 잘됐어요!

TIP honey는 아이를 부르는 애칭이기도 합니다.

A **I'll buy you something nice!** 뭔가 좋은 거 사 줄게요!

TIP 형용사가 something을 꾸밀 땐 something 뒤에 넣으세요. 예 nice something (X)

* 핵심표현

happy for (사람) (사람)을 대신해 행복한 (→ (사람)에게 잘된)

→ 남을 진심으로 축하하는 표현입니다. 누가 축하하는지는 주어에서 바꿔 주면 됩니다.

- I am happy for your son. 네 아들에게 잘됐네.
- We are happy for you. 당신에게 잘됐어요.

* 골라 쓰기 좋은 어휘들 *

| I am 나는 | We are 우리는 | you 너 | you guys 너희들 |
| your daughter 너의 딸 | the couple 그 커플 | Jane Jane(사람 이름) | |

* 핵심표현 응용해보기

1. 너에게 잘됐네!

→ I am happy _____!

2. 그들에게 잘됐네!

→ I am _____!

3. 그 커플에게 잘됐다!

→ We _____!

4. Jane에게 잘됐네!

→ _____!

🔹 미유 SAYS

I'm happy for you!보다 조금 약한 표현으로 Good for you!가 있는데, 말투나 표정에 따라 슬프거나 비꼬는 느낌이 될 수도 있으니 조심하세요.

정답 | **1.** for you **2.** for them **3.** are happy for the couple **4.** I am/We are happy for Jane

QUIZ

1 다음 중 feed의 과거형은?

ⓐ feeded   ⓑ fed   ⓒ food   ⓓ feeden

2 'be (~ing)'는 어떤 시제일까?

ⓐ 진행형   ⓑ 확정된 미래 사실
ⓒ ⓐ와 ⓑ 둘 다 맞음   ⓓ ⓐ와 ⓑ 둘 다 틀림

3 'Would you like'와 비슷한 표현은?

ⓐ Do you want to   ⓑ Do you want
ⓒ Would you want to   ⓓ Could you

4 'at'과 함께 쓸 수 있는 단어는?

ⓐ the gas station   ⓑ Seoul
ⓒ Canada   ⓓ New Jersey

5 'book'과 비슷한 의미의 동사는?

ⓐ plan   ⓑ reserve   ⓒ take   ⓓ buy

TIP

1 'feed'는 '(실제로) 먹인다'라는 뜻도 되고 '먹여 살린다'라는 뜻도 됩니다.
2 미래 시제에 가장 가까운 것은 'will'이나 'be going to'보다 'be (~ing)'입니다
3 'Would you like'의 평서문 버전은 'I would like'입니다.
4 나라/주/도시는 한정된 장소가 아니라 지역이라 봐야겠죠? 그럴 땐 'in'입니다.
5 'reserve'의 명사는 'reservation(예약)'입니다.

CHAPTER 1

6 'How come' 뒤에 들어갈 수 있는 말은?

   ⓐ are you here?   ⓑ do you hate me?
   ⓒ she is not here?   ⓓ can't you come?

7 'don't have to'와 비슷한 패턴은?

   ⓐ must not   ⓑ don't need to
   ⓒ don't want to   ⓓ shouldn't

8 '퇴근 후에'라는 표현은?

   ⓐ after the work   ⓑ after the job
   ⓒ after work   ⓓ after company

9 다음 중 <u>틀린</u> 문장은?

   ⓐ She looks like happy.   ⓑ I made her cry.
   ⓒ Let's visit her in the hospital.   ⓓ Is your daughter pregnant?

10 '설거지를 한다'라는 의미의 표현은?

   ⓐ do the dishes   ⓑ wash the plates
   ⓒ wash the plate   ⓓ do the laundry

TIP

6 'Why'와는 달리 'How come' 뒤에는 평서문 어순이 와야 맞습니다.
7 'don't have to'보다 'don't need to'가 어감은 약해도 의미는 거의 같습니다.
8 'work'는 '일'이라는 개념이기 때문에 앞에 'the'를 쓰지 않습니다.
9 'look like' 뒤에는 형용사가 아니라 명사가 옵니다.
10 'do the dishes'와 비슷한 표현으로 'wash the dishes'가 있습니다.

정답 | 1. ⓑ 2. ⓒ 3. ⓑ 4. ⓐ 5. ⓒ 6. ⓑ 7. ⓑ 8. ⓒ 9. ⓐ 10. ⓐ

마유's Pick 사용빈도 1억 단어

☐ **mistake** 실수
- 예 I made a mistake. 나 실수했어.
- 예 It was just a mistake. 그건 그냥 실수였어.

☐ **borrow** 빌리다
- 예 Can I borrow this? 나 이거 빌려도 돼?
- 예 I borrowed a pen. 난 펜을 빌렸어.

☐ **polite** 예의 바른, 공손한
- 예 Be polite to others. 다른 사람들에게 예의 바르게 해.
- 예 She is very polite. 그녀는 매우 공손해.

☐ **believe** 믿다
- 예 I believe you. 난 너를 믿어.
- 예 Do you believe me? 넌 날 믿어?

☐ **tired** 피곤한
- 예 I am so tired. 나 엄청 피곤해.
- 예 You look tired. 너 피곤해 보여.

☐ **book** 책
- 예 I read a book. 나 책 읽었어.
- 예 This book is interesting. 이 책 흥미롭네.

☐ **fast** 빠른
- 예 He runs fast. 그는 빨리 달려.
- 예 That car is fast. 저 차 빠르다.

☐ **opinion** 의견
- 예 What's your opinion? 네 의견은 어때?
- 예 I respect your opinion. 난 네 의견을 존중해.

- **explain** 설명하다
    - 예 Please explain it. 그거 설명해 줘.
    - 예 He explained the rules. 그는 그 규칙들을 설명했어.

- **hungry** 배고픈
    - 예 I am hungry. 나 배고파.
    - 예 She looks hungry. 그녀는 배고파 보여.

- **job** 일, 직업
    - 예 I got a job. 나 취직했어.
    - 예 The job is hard. 그 일은 힘들어.

- **improve** 개선하다, 향상되다
    - 예 How can I improve it? 그걸 어떻게 개선하지?
    - 예 Your English has improved a lot. 네 영어는 많이 향상됐어.

- **honest** 정직한
    - 예 Be honest with me. 나한테 솔직해져.
    - 예 He is an honest man. 그는 정직한 사람이야.

- **quickly** 빠르게
    - 예 Come here quickly. 빨리 와.
    - 예 She left quickly. 그녀는 재빨리 떠났어.

- **advice** 조언
    - 예 Thanks for the advice. 조언 고마워.
    - 예 I need your advice. 네 조언이 필요해.

- **decide** 결정하다
    - 예 I can't decide. 난 결정을 못 하겠어.
    - 예 She decided to stay. 그녀는 남기로 결정했어.

미유's Pick 사용빈도 1억 표현

- [ ] **That makes sense.** 그거 말 되네.
- [ ] **Let me think about it.** 생각 좀 해 볼게요.
- [ ] **It's up to you.** 네가 결정해.
- [ ] **I didn't see that coming.** 그건 예상 못했어요.
- [ ] **What do you mean?** 무슨 말이야?
- [ ] **I'm just looking.** 그냥 둘러보는 중이에요.
- [ ] **It's not a big deal.** 별일 아니야.
- [ ] **Don't worry about it.** 신경 쓰지 마.
- [ ] **I appreciate it.** 고마워요.
- [ ] **I'm running late.** 나 늦고 있어.
- [ ] **I have no idea.** 전혀 모르겠어.
- [ ] **That sounds good to me.** 난 좋아.
- [ ] **You've got this.** 넌 할 수 있어.
- [ ] **I've been there.** 나도 그런 적 있어.
- [ ] **I'll take care of it.** 내가 처리할게.
- [ ] **Can I get this to go?** 이거 포장해 주실 수 있나요?
- [ ] **Can you go lower than that?** 조금 더 깎아 줄 수 있어요?
- [ ] **That's a good deal.** 괜찮은 가격이네요.
- [ ] **That's not what I meant.** 내 말은 그런 뜻이 아니었어.
- [ ] **I'm on my way.** 나 지금 가는 중이야.

> 여러분은 영어를 왜 배우시나요?
> 토익 점수를 받으려고? 여행 가서 써먹으려고? 친구를 사귀려고?
> 남들이 다 하니까?
> 영어를 배우는 목적은 각자 다양할 수 있습니다.
>
> 하지만, 소통만을 위해 영어를 배우던 시대는 예전에 지났습니다.
> 저는 여러분이 두 가지 목적을 더하셨으면 합니다.

나와 내가 아끼는 이들을 보호하기 위해

'굳이 무슨 보호까지…'라고 생각하실 수도 있습니다.
놀랍게도, 영어 하나 때문에 해외에서
심각한 곤경에 빠지는 케이스는 비일비재합니다.
내가, 우리 아이가, 우리 부모님이 억울한 상황에 처하고 피해자가
되었을 때, "Sorry… Me no English…"를 외칠 수는 없는 것입니다.

내 가치를 극대화하기 위해

언어 습득은 단순한 소통을 넘어 본인의 가치를 끌어올릴 수 있는
'가성비 최고'의 도구입니다.
끊임없이 뇌를 자극하는 행위는 나이가 들수록 강력한 힘을 발휘합니다.
번역기와 AI를 쓸 수도 있습니다. 다만, AI는 점점 똑똑해지고,
내 머리는 점점 굳어 갈 뿐입니다.
뇌를 자극하세요. 영어는 기본이고, 치매 예방은 덤으로 딸려옵니다.

> 우리는 20 에피소드 후에 '더 강력한 두뇌'로 다시 만나겠습니다.
>
> Yours,
> MAYU (Master Eugene)

CHAPTER 02

01 Peter는 실물이 더 나아
02 화재가 발생했습니다
03 영어 리스닝을 잘하려면
04 뒷좌석도 안전하진 않아
05 뭐만 뜨면 UFO 같아
06 엄청 웃긴 스탠드업 코미디언
07 안전거리는 생명 거리
08 곤충보다 무서운 그것은
09 피곤한 룸메이트
10 사내 커플에서 부부로
11 강아지에게 치명적인 초콜릿
12 옷 개는 게 너무 싫은 룸메이트
13 편두통 때문에 죽겠네
14 나도 이제 아이튜버
15 신사적인 이웃
16 무늬만 달리기
17 퉁퉁 부은 얼굴
18 생일엔 싸우는 게 아니야
19 도서관에서의 에티켓
20 폭풍 흡입하는 친구에게

UNIT 01 Peter는 실물이 더 나아

CHAPTER 2

2024 하편 Day 057 | 2319회

❶ I ran into Peter in Beverly Hills today!
❷ You mean, Peter Bint from WCB English?
❸ Yeah! He looked better in person!
❹ You are so lucky! I want to meet him, too!

문장별 꿀팁

A I ran into Peter in Beverly Hills today!
오늘 Beverly Hills에서 Peter 마주쳤어!
TIP 나라, 도시, 주 앞에는 in을 넣어야 '~에/~에서'라는 뜻이 됩니다.

B You mean, Peter Bint from WCB English?
왕초보영어 나오는 Peter Bint 말하는 거야?
TIP 특정 프로그램에 '나오는'이라고 할 땐 from을 쓰세요.

A Yeah! He looked better in person! 어! 실물이 더 나아 보이더라고!
TIP in person(직접 만나서) 대신 in photos를 쓰면 '사진으로 봤을 때'라는 뜻이 됩니다.

B You are so lucky! I want to meet him, too!
엄청 운 좋네! 나도 만나 보고 싶다!
TIP lucky 대신 in luck이란 표현도 자주 씁니다.

✱ 핵심표현

run + into (목적어) (목적어)를 마주치다/우연히 만나다

→ 비슷한 표현은 bump into (someone) 그리고 come across (someone)이 있어요.

- I ran into my old friend. 난 오랜 친구를 마주쳤어.
- She ran into her ex. 걔는 전 애인을 마주쳤어.

✱ 골라 쓰기 좋은 어휘들 ✱

my ex 내 전 애인 **my high school teacher** 내 고등학교 선생님
celebrity 유명인 **my ex-boss** 내 전 직장 상사 **someone famous** 유명한 사람

✱ 핵심표현 응용해보기

1. 마유는 그의 전 애인을 마주쳤어.

→ Mayu ran into _____.

2. 난 유명한 사람을 마주쳤어.

→ I ran _____.

3. 난 그를 다시는 마주치고 싶지 않아.

→ I don't want to _____.

4. 그녀는 그녀의 고등학교 선생님을 마주쳤어.

→ _____.

🍀 마유 SAYS

사실 run into는 실제로 '달리다가 부딪히다'라는 직접적인 의미도 가능합니다.
- I ran into a glass door. 나 달리다가 유리문에 부딪혔어.

정답 | 1. his ex 2. into someone famous/into a celebrity 3. run into him again 4. She ran into her high school teacher

UNIT 02 화재가 발생했습니다

A There is a fire upstairs, everybody! 위층에 불이 났습니다, 여러분!

TIP upstairs는 부사라서 전치사 to/on 등이 필요 없어요. 예 Go upstairs.

B Oh, no! Should we take the elevator?

오, 이런! 엘리베이터를 이용해야 할까요?

TIP take는 '이동 수단을 이용하다'라는 뜻입니다. 예 I took a bus.

A No, it's too dangerous. Take the stairs!

아뇨, 그건 너무 위험해요. 계단을 이용하세요!

TIP 계단은 여러 개로 구성되어 있어 stairs처럼 복수로 쓰는 거예요.

B Okay. Everyone, follow my lead! 알겠어요. 모두들, 저를 따라오세요!

TIP 비슷한 의미로 Follow me!도 있어요.

✱ 핵심표현

(동사원형). (동사원형)하세요.
→ 동사원형으로 문장을 시작하면 명령어가 됩니다. 형용사는 be동사의 원형 Be로 시작하세요.

- 예 Follow me. 날 따라와.
- 예 Wait for him. 그를 기다려.

> ✱ 골라 쓰기 좋은 어휘들 ✱
>
> come 오다   go 가다   put down 내려놓다
> wash one's hands 손을 씻다   brush one's teeth 이를 닦다
> be calm 침착하다   be honest 솔직하다

✱ 핵심표현 응용해보기

1. 여기로 와.

→ Come _____ .

2. 지금 집에 가.

→ Go _____ .

3. 네 전화기를 내려놔.

→ Put _____ .

4. 솔직해.

→ _____ .

🟥 마유 SAYS

명령문을 쓴다고 무조건 무례한 것은 아닙니다. 염려가 된다면 명령문 앞이나 뒤에 please를 넣어 말해 보세요. 그것만으로도 분위기는 완전히 달라집니다.
- 예 Be careful. 조심해요. → Please be careful. 조심해 주세요.

정답 | 1. here 2. home now 3. down your phone 4. Be honest

UNIT 03 영어 리스닝을 잘하려면

문장별 꿀팁

A I want to improve my listening skills. 내 청취 실력을 늘리고 싶어.

TIP 일반적으로 실력은 복수(skills)로 쓰는 것을 추천합니다.

B Watch videos in English. 영어로 된 영상들을 봐.

TIP 특정한 '언어로'라고 할 땐 전치사 in을 쓰세요. 예) in Spanish, in Japanese

A But native English speakers speak too fast.

하지만 영어 원어민들은 너무 빨리 말한다고.

TIP speak은 말을 하는 것 외에도, 특정 언어를 '구사하다'라고 할 때도 씁니다.

B Start with easy cartoons. 쉬운 만화부터 시작해 봐.

TIP '~로' 시작한다고 할 땐 with를 쓰세요.

* 핵심표현

too (부사) 너무 (부사)하게
→ 부사는 동사의 정도를 표현해 줍니다. 예) 빠르게, 느리게, 높게, 가볍게 등

- I ate too fast. 난 너무 빨리 먹었어.
- She woke up too late. 걔는 너무 늦게 일어났어.

* 골라 쓰기 좋은 어휘들 *

early 일찍	**slowly** 느리게	**high** 높게	**dangerously** 위험하게
loudly 시끄럽게	**often** 자주	**much** 많이	**soon** 금방

* 핵심표현 응용해보기

1. 우린 너무 일찍 일어났어.
→ We woke up too _____.

2. 넌 너무 느리게 먹어.
→ You eat _____.

3. 그녀는 너무 시끄럽게 노래하고 있어.
→ She is _____.

4. 난 너무 많이 먹었어.
→ _____.

🔲 마유 SAYS

비슷해 보이지만 too와 so는 좀 달라요. too는 '너무 과하다'는 부정적인 느낌이고, so는 단순히 '엄청 그렇다'라는 중립적인 느낌이죠. 예) I love you so much.

정답 | 1. early 2. too slowly 3. singing too loudly 4. I ate too much

UNIT 04 뒷좌석도 안전하진 않아

2024 상편 Day 007 | 2139회

❶ Why aren't you wearing your seatbelt?
❷ I'm in the back seat, Mom.
❸ Do you think back seats are safer? No!
❹ All right... I'll put it on right now.

문장별 꿀팁

A Why aren't you wearing your seatbelt? 왜 좌석벨트 안 매고 있니?

TIP seatbelt 대신 safety belt를 쓰기도 하지만 좀 격식 있는 표현입니다.

B I'm in the back seat, Mom. 뒷좌석에 타고 있잖아요, 엄마.

TIP 자동차 좌석에 타고 있다고 할 땐 in을 쓰세요.

A Do you think back seats are safer? No!
뒷좌석이 더 안전할 거 같니? 아니야!

TIP Do you think ~?는 상대방의 생각이나 의견을 물어보는 질문 패턴입니다.

B All right... I'll put it on right now. 알겠어요… 지금 바로 맬게요.

TIP 회화체에선 All right.을 줄여 Alright.이라고도 합니다.

* 핵심표현

put (명사) on (명사)를 착용하다

→ 옷을 입거나 모자를 쓰는 동작을 강조합니다. 이미 입고 있는 상태라면 wear를 쓰세요.

- 예 **Put this on.** 이걸 써.
- 예 **I put my socks on.** 난 양말을 신었어.

골라 쓰기 좋은 어휘들

some clothes 옷	something 무언가	your shoes 네 신발
a skirt 치마	this hat 이 모자	my glasses 내 안경

* 핵심표현 응용해보기

1. 옷 좀 입어.

→ Put some clothes _____.

2. 신발 신어.

→ Put your _____.

3. 나 치마 입는 중이야.

→ I am _____.

4. 이 모자 써.

→ _____.

마유 SAYS

put on은 화장품을 바른다고 할 때도 써요. 이것도 이미 바른 상태를 말하는 게 아니라, 한창 바르는 동작을 강조하는 것이죠.

- 예 **My sister is putting makeup on.** (한창 바르는 중)

정답 | 1. on 2. shoes on 3. putting a skirt on 4. Put this hat on

UNIT 05 뭐만 뜨면 UFO 같아

문장별 꿀팁

A Hey! What is that in the sky? 야! 하늘에 저거 뭐지?
TIP 넓은 하늘을 더 강조할 땐 skies라고 쓰기도 합니다.

B It's probably a drone or a small airplane.
아마 드론이나 작은 비행기일 거야.
TIP probably(아마도)는 maybe(어쩌면)보다 확신하는 정도가 더 강해요.

A Oh, I thought it was a UFO. 아, 난 UFO인 줄 알았네.
TIP UFO는 셀 수 있는 단어라 관사(a)를 쓸 수 있어요.

B Do you believe in UFOs? 너 UFO를 믿어?
TIP 물론 셀 수 있으니 UFO를 복수로 쓸 수도 있죠.

✱ 핵심표현

believe + in (명사) (명사)를 믿다

→ in을 넣으면 뭔가의 존재나 가치를 믿는 것이고, 빼면 단순히 누군가의 '말'을 믿는 것입니다.

예 Do you believe in aliens? 넌 외계인을 믿니?
예 I believe in God. 난 신을 믿어.

✱ 골라 쓰기 좋은 어휘들 ✱

love 사랑	ghosts 귀신	yourself 네 자신	luck 운
magic 마법	you 너	true friendship 진정한 우정	

✱ 핵심표현 응용해보기

1. 난 사랑을 믿어.

→ I believe in _____.

2. 난 귀신을 안 믿어.

→ I don't believe _____.

3. 넌 네 자신을 믿니?

→ Do you _____?

4. 우린 운을 믿지 않아.

→ _____.

🟰 마유 SAYS

사실 요즘엔 UFO(Unidentified Flying Object: 미확인 비행 물체)보다는 UAP (Unidentified Aerial Phenomenon: 미확인 공중 현상)이라는 말을 더 많이 사용합니다.

정답 | 1. love 2. in ghosts 3. believe in yourself 4. We don't believe in luck

엄청 웃긴 스탠드업 코미디언

문장별 꿀팁

A Have you ever been to Jim's stand-up comedy show? 너 Jim이 하는 스탠드업 코미디 쇼에 한 번이라도 가 본 적 있어?

TIP stand-up comedy show는 무대 위에서 1인이 라이브로 진행하는 쇼를 말합니다.

B Yeah, once. He was just hilarious! 어, 한 번. 그냥 완전 웃겼어!

TIP hilarious는 funny보다 훨씬 더 웃긴다는 것을 표현합니다.

B I laughed so hard the whole time. 내내 엄청나게 웃었다니까.

TIP the whole time은 '내내'라는 뜻의 표현입니다. 비슷하게는 the entire time이 있어요.

A He's the funniest comedian ever. 여태껏 가장 웃긴 코미디언이야.

TIP 문장 뒤에 ever를 넣으면 '여태껏'이란 느낌으로 강조할 수 있습니다.

* 핵심표현

Have you been + to (명사)? (명사)에 가/와 본 적 있어?

→ 장소에 가 본 경험은 gone이 아닌 been을 써야 합니다. here/there엔 to를 쓰지 않아요.

- 예 Have you been to Wonju? 너 원주에 가 본 적 있어?
- 예 Have you been to their concert? 넌 그들의 콘서트에 가 본 적 있어?

* 골라 쓰기 좋은 어휘들 *

the restaurant 그 식당	the cafe 그 카페	Korea 한국
New York City 뉴욕시	there 거기	the museum 그 박물관
California 캘리포니아		

* 핵심표현 응용해보기

1. 너 그 한국 식당 가 봤어?

→ Have you been to _____?

2. 너 그 카페 가 봤어?

→ Have you been _____?

3. 너 부산 가 봤어?

→ Have you _____?

4. 너 여기 와 봤어?

→ _____?

🔵 마유 SAYS

스탠드업 코미디는 말도 어렵지만 문화도 이해해야 하기에 청취용 난이도가 최상급입니다. 사회적으로 안 좋게 여기는 언어, 사상을 얘기하는 것도 그들의 문화이기 때문에 각오하고 보는 게 좋을 거예요.

정답 | 1. the Korean restaurant 2. to the cafe 3. been to Busan 4. Have you been here

UNIT 07 안전거리는 생명 거리

CHAPTER 2 | 2023 하편 Day 017 | 2019회

❶ Why are you tailgating that truck?
❷ He's going too slowly!
❸ I don't want to be late for work!
❹ It's dangerous! Keep a safe distance!

문장별 꿀팁

A Why are you tailgating that truck? 왜 저 트럭의 꼬리를 물고 있는 거야?
TIP tailgate은 '앞의 차를 바짝 따라가다'라는 뜻의 동사입니다.

B He's going too slowly! 너무 느리게 가고 있잖아!
TIP too는 '너무(과도하게)'라는 부정적인 의미의 부사입니다.

B I don't want to be late for work! 회사에 늦고 싶지 않다고!
TIP 출근하는 곳은 company가 아닌 work를 쓰는 게 맞습니다.

A It's dangerous! Keep a safe distance! 위험해! 안전거리 유지해!
TIP keep a distance는 '거리를 유지하다'라는 덩어리 동사입니다.

✱ 핵심표현

be late + for (명사) (명사)에 늦다

→ for 대신 to를 쓰는 경우도 간혹 있지만 드뭅니다. 일반적으로 for를 쓰는 게 안전합니다.

- I am late for work. 나 회사에 늦었어.
- Aren't we late for the meeting? 우리 그 미팅에 늦은 거 아니야?

✱ 골라 쓰기 좋은 어휘들 ✱

school 학교	the concert 그 콘서트	the party 그 파티
the seminar 그 세미나	their wedding 그들의 결혼식	the ceremony 그 기념식

✱ 핵심표현 응용해보기

1. 우리 학교에 늦었어!

→ We are late for _____!

2. 우리 그 파티에 늦었어!

→ We are late _____!

3. 나 그들의 결혼식에 늦었어!

→ I am _____!

4. 나 어제 그 세미나에 늦었어!

→ _____!

🔴 마유 SAYS

미국은 한국보다 교통 단속 카메라의 수는 훨씬 적지만 갓길에 숨어 있는 경찰은 훨씬 많습니다. tailgating은 기본, 갑작스러운 가속이나 차선 변경에도 바로 잡힐 수 있으니 주의하세요.

정답 | 1. school 2. for the party 3. late for their wedding 4. I was late for the seminar yesterday

UNIT 08 곤충보다 무서운 그것은

2023 하편 Day 067 | 2069회

문장별 꿀팁

A **I'm scared of insects. They are disgusting.**
난 곤충이 무서워. 징그러워.

TIP disgusting(징그러운, 역겨운)과 비슷한 nasty(역겨운)도 알아 두세요.

B **Yeah, but they are not harmful.** 응, 그렇지만 해롭지는 않아.

TIP harmful(해로운)의 명사는 harm(해)입니다.

A **Well, yeah. What are you scared of?** 음, 그래. 넌 뭐가 무서워?

TIP be scared of가 완전한 덩어리 표현이기 때문에, 의문문에서도 of를 빼면 안 됩니다.

B **Ghosts. I can't sleep alone at night.** 귀신. 밤에 혼자 못 자.

TIP alone과 비슷한 표현으로 by oneself가 있습니다.

* 핵심표현

be scared + of (명사) (명사)가 무섭다

→ scared보다 거의 공포증에 가까운 느낌을 주려면 afraid(두려운)를 쓰세요.

- 예 I am scared of spiders. 난 거미가 무서워.
- 예 Mindy is scared of dogs. Mindy는 개를 무서워해.

* 골라 쓰기 좋은 어휘들 *

snakes 뱀	monsters 괴물	insects 곤충	dogs 개
my girlfriend 내 여자 친구	the dark 어두운 곳	many things 많은 것	

* 핵심표현 응용해보기

1. 난 뱀이 무서워.

→ I am scared _____ .

2. 난 개가 안 무서워.

→ I am not _____ .

3. 솔직히, 난 내 여자 친구가 무서워.

→ Honestly, I am _____ .

4. 넌 괴물이 무섭니?

→ _____ ?

마유 SAYS

공포증을 표현할 때는 I'm afraid of (something). 혹은 I have a fear of (something).이라고 하세요. 예 I'm afraid of spiders. / I have a fear of heights.

정답 | 1. of snakes 2. scared of dogs 3. scared of my girlfriend 4. Are you scared of monsters

UNIT 09 피곤한 룸메이트

2023 상편 Day 012 | 1884회

문장별 꿀팁

A You look so tired, dude. 아주 피곤해 보이네, 친구.
TIP dude는 일반적으로 남자들끼리 부르는 말입니다.

B I had to work until 10. 난 10시까지 일해야 했어.
TIP had to는 have to의 과거로 '~해야만 했다'라는 뜻입니다.

B I'm going to hit the sack now. 이제 자러 갈 거야.
TIP hit the sack은 '잠자리에 들다'라는 의미이며 go to bed와 같습니다.

A Go ahead. I'll wake you up at 7. 어서 그렇게 해. 7시에 깨워 줄게.
TIP 누군가를 깨워 줄 땐 wake someone up을 쓰세요.

✱ 핵심표현

until (시간/시기) (시간/시기)까지

→ until은 언제까지 그 행동을 '계속' 진행한다는 말입니다.

- I studied until 9. 나 9시까지 공부했어.
- She slept until 12. 그녀는 12시까지 잤어.

✱ 골라 쓰기 좋은 어휘들 ✱

10 (o'clock) 10시   Friday 금요일   the 16th 16일
this weekend 이번 주말   noon 정오   this afternoon 오늘 오후
May 5월

✱ 핵심표현 응용해보기

1. 나 7시까지 잤어.

→ I slept _____.

2. 그녀는 정오까지 일했어.

→ She worked _____.

3. 나 여기 5월까지 있을 거야.

→ I will be _____.

4. 토요일까지 기다리자.

→ _____.

📖 미유 SAYS

'~까지'라는 단어 중에 by라는 것도 있습니다. 단, 이것은 '~까지 계속한다'는 게 아니라 '한 번만' 한다는 말입니다. 예 Send it to me by Friday. (→ 금요일까지 '한 번만' 보내라는 말)

정답 | 1. until 7 (o'clock) 2. until noon 3. here until May 4. Let's wait until Saturday

UNIT 10 사내 커플에서 부부로

A Wow! Your Korean is pretty good! 와! 한국어 꽤 잘하시네요!
TIP 누군가의 한국어 실력은 소유격을 써서 one's Korean이라고 하세요.

B Thank you. My wife is Korean. That's why.
고마워요. 제 아내가 한국인이에요. 그래서 그래요.
TIP That's why.는 뭔가의 이유를 대고 나서 쓰는 추임새입니다.

A That's awesome! How did you guys meet?
멋져요! 두 분 어떻게 만나셨어요?
TIP meet은 보통 '첫 만남'을 의미합니다.

B We used to be co-workers. 저희는 직장 동료였어요.
TIP 'co-'가 명사 앞에 들어가면 '함께'라는 의미가 됩니다.

* 핵심표현

used to be (명사) (명사)이곤 했다/(명사)였다
→ used to는 과거에 한때는 그랬지만 현재는 그렇지 않다는 것을 강조합니다.

- He used to be a rich man. 그는 부유하곤 했어. (→ 부유했어.)
- We used to be close friends. 우린 친한 친구이곤 했어. (→ 친구였어.)

골라 쓰기 좋은 어휘들

good friends 좋은 친구들   **a model** 모델   **a greedy person** 욕심 많은 사람
a humble person 겸손한 사람   **my boyfriend** 내 남자 친구

* 핵심표현 응용해보기

1. 그들은 좋은 친구이곤 했지[친구였지].

→ They used to be _____.

2. 난 모델이곤 했어[모델이었어].

→ I used to _____.

3. 그는 욕심 많은 사람이곤 했어[사람이었어].

→ He used _____.

4. Dilan은 내 남자 친구이곤 했어[친구였어].

→ _____.

마유 SAYS

used to와 비슷한 의미를 가진 would를 쓰는 경우도 있는데, 이건 보통 가끔씩 벌어지곤 했던 과거를 추억하거나 회상할 때 부드러운 느낌으로 써요.
- He would visit me every summer. 그는 여름마다 나를 방문하곤 했지.

정답 | 1. good friends 2. be a model 3. to be a greedy person 4. Dilan used to be my boyfriend

UNIT 11 강아지에게 치명적인 초콜릿

A Mom, Gangshim won't eat anything...
엄마, 강심이가 아무것도 먹을 생각을 안 해요…

TIP won't는 의지가 없음을 표현하여 '~할 생각을 안 하다' 정도로 해석합니다.

B Huh? What did you give her? 어? 개한테 뭘 줬니?

TIP Huh?는 말을 못 들었거나, 이해를 못했을 때 쓰는 말입니다.

A I gave her a little bit of chocolate... 초콜릿을 약간 줬어요…

TIP a little bit of 대신 a bit of를 써도 좋습니다.

B Oh, no... Let's take her to the vet. 오, 안 돼… 수의사 선생님께 데려가자.

TIP vet(수의사)는 veterinarian을 줄인 단어입니다.

✱ 핵심표현

take (목적어) **+ to** (명사) (목적어)를 (명사)에게 데려가다/데려다주다

→ 여기서 명사는 사람일 수도 있고 장소일 수도 있습니다. here/there/home에는 to를 넣지 마세요.

- 예 Please take me to the hospital. 절 병원으로 데려가 주세요.
- 예 I took John to the dentist. 난 John을 그 치과 의사에게 데려갔어.

✱ 골라 쓰기 좋은 어휘들 ✱

| the hospital 병원 | the airport 공항 | the hotel 호텔 | this address 이 주소 |
| the doctor 의사 | the park 공원 | the zoo 동물원 | the beach 해변 |

✱ 핵심표현 응용해보기

1. 절 공항에 데려다 주세요.

→ Take me to _____.

2. 절 거기에 데려가 주세요.

→ Take me _____.

3. 그녀는 날 동물원에 데려갔어.

→ She took _____.

4. 저희를 이 주소에 데려다 주세요.

→ _____.

🔴 마유 SAYS

제가 '~로, ~에게로'라고 할 때 here/there/home 앞에는 to를 넣지 말라고 자주 말하죠? 그것들은 이미 '~로'라는 뜻이 포함된 부사여서 그래요.
- 예 Go to home.(X) → '집으로로'가 되어 버림

정답 | **1.** the airport **2.** there **3.** me to the zoo **4.** Take us to this address

UNIT 12 옷 개는 게 너무 싫은 룸메이트

2022 하편 Day 057 | 1799회

문장별 꿀팁

A Help me fold these clothes. 이 옷 개는 것 좀 도와줘.

TIP fold clothes는 '옷을 개다'라는 덩어리 동사입니다.

B I'm not good at folding clothes. 나 옷 개는 거 잘 못해.

TIP 옷은 clothes라고 해야지 cloth라고 하면 안 됩니다. 그건 '천'이라는 뜻이에요.

A Sit here. I will show you how to do it.

여기 앉아. 내가 개는 법을 보여 줄게.

TIP how to 뒤에 이렇게 동사를 넣으면 '~하는 법'이라는 뜻입니다.

B Actually... I hate folding clothes... 사실… 나 옷 개는 거 싫어해…

TIP actually는 보통 상대방이 모르는 사실이나 틀린 정보를 바로잡을 때 씁니다.

※ 핵심표현

be good + at (~ing) (~ing)하는 걸 잘하다
→ 반대로, 뭔가를 못한다고 할 땐 good 대신 not good/bad/terrible을 쓰면 됩니다.

- 예) **I am good at learning.** 난 배우는 걸 잘해.
- 예) **Roy is not good at drawing.** Roy는 그리는 걸 잘 못해.

> **※ 골라 쓰기 좋은 어휘들 ※**
>
> **cooking** 요리하는 것
> **telling jokes** 농담하는 것
> **talking to women** 여자와 얘기하는 것
> **singing** 노래하는 것
> **playing basketball** 농구하는 것

※ 핵심표현 응용해보기

1. 내 남편은 요리를 잘해.
   → My husband is good _____.

2. 너 노래 잘하니?
   → Are you _____?

3. 난 여자랑 얘기를 잘 못해.
   → I am not _____.

4. 내 아들은 춤을 잘 춰.
   → _____.

마유 SAYS

한국어와 비슷하게 뭔가를 '정말 너무' 잘한다고 할 때, expert(전문가)라는 단어를 넣어 위트있게 쓰기도 해요. 예) **I'm an expert at making soup.** 저 수프 만드는 거 전문가예요.

정답 | 1. at cooking 2. good at singing 3. good at talking to women 4. My son is good at dancing

UNIT 13 편두통 때문에 죽겠네

A Man... This migraine is killing me. 어휴… 이 편두통 때문에 죽겠네.
TIP 영어에서는 '~때문에 죽겠다'가 아니라 '~가 날 죽이고 있다'라고 표현합니다.

A I took pills, but they are not working. 알약을 복용했는데 효과가 없어.
TIP 약을 복용하는 건 eat이라고 하지 않고 take한다고 해요.

B Migraines are different from headaches. 편두통은 두통이랑은 달라.
TIP 무엇과 다른 건지 비교 대상을 쓸 땐 with가 아니라 from을 쓰세요.

B You have to take different pills. 다른 알약을 복용해야 해.
TIP pill(알약) 중에 납작한 건 tablet이라고 합니다.

* 핵심표현

have to (동사원형) (동사원형)해야만 한다

→ have to는 하기 싫더라도 의무적으로 혹은 그만큼 '꼭 해야 한다'라는 말입니다.

- 예) You have to listen to me. 너 내 말 들어야 돼.
- 예) Angie has to go to the hospital. Angie는 병원에 가야 돼.

* 골라 쓰기 좋은 어휘들 *

study hard 열심히 공부하다　　**eat more vegetables** 더 많은 채소를 먹다
lose weight 살을 빼다　　**be careful** 조심하다　　**be honest** 솔직하다

* 핵심표현 응용해보기

1. 너 열심히 공부해야 돼.

→ You have to _____ .

2. 나 학교 가야 돼.

→ I have _____ .

3. 그들은 조심해야 돼.

→ They _____ .

4. 우리 지금 떠나야 돼.

→ _____ .

🗣 마유 SAYS

have to와 비슷한 말로 should가 있는데, 이건 의무보다는 좀 더 가벼운 조언, 제안(~하는 게 좋겠어, ~해야지)에 가깝습니다. 예) I should go to bed. 잠자리에 드는 게 좋겠어.

정답 | 1. study hard 2. to go to school 3. have to be careful 4. We have to leave now

UNIT 14 | 나도 이제 아이튜버

문장별 꿀팁

A I heard you started your iTube channel.
네가 iTube 채널 시작했다고 들었어.
TIP channel에는 'n'이 두 개 들어갑니다. 하나만 쓰는 실수가 잦으니 주의하세요.

B Yeah. I have 20 subscribers so far. 응. 지금까지 구독자가 20명이야.
TIP so far는 '지금까지'라는 뜻이며 앞으로 바뀔 거란 뉘앙스는 없습니다.

A What's the theme of your channel? 네 채널 테마가 뭔데?
TIP theme은 '테마'가 아니라 '띰'에 가깝게 발음하세요.

B I introduce action figures and toys. 액션 피규어와 장난감을 소개해.
TIP 하나만 소개하는 게 아니라 전반적으로 여러 개를 소개하기 때문에 복수를 사용합니다.

* 핵심표현

I heard (평서문). (평서문)이라고 들었어.
→ 평서문은 과거 시제로 쓰세요. (평서문의 내용이 여전히 사실이라면 현재형을 쓰기도 함)

예) I heard you opened a nail salon. 네가 네일 숍을 열었다고 들었어.
예) I heard they fought. 걔네가 싸웠다고 들었어.

* 골라 쓰기 좋은 어휘들 *

you moved 네가 이사했다고
you were sick 네가 아팠다고
she got a job 그녀가 취직했다고
you still live in Seoul 네가 아직 서울에 산다고

* 핵심표현 응용해보기

1. 네가 이사했다고 들었어.
  → I heard you _____.

2. 그녀가 아팠다고 들었어.
  → I heard she _____.

3. 네가 뉴욕에 산다고 들었어.
  → I heard _____.

4. 그가 차를 샀다고 들었어.
  → _____.

마유 SAYS

이렇게 영상, 사진, 글 등으로 연결되는 곳을 SNS라고 하는데, 완전한 콩글리시는 아닙니다만, 여전히 social media라는 단어가 훨씬 압도적으로 쓰이기 때문에 안전하게 그것을 쓰는 걸 추천합니다.

정답 | 1. moved 2. was sick 3. you live in New York 4. I heard he bought a car

UNIT 15 신사적인 이웃

A Could you get the door for me? 문 좀 잡아 주실 수 있을까요?
TIP get the door는 문을 열어 주거나 잡고 있는 것을 다 포함한 표현입니다.

B Oh! Let me help you with the box, too. 오! 상자도 도와드릴게요.
TIP 뭔가에 '대해' 도와준다고 할 때는 about이 아닌 with를 쓰세요.

A Thanks. I just moved in. 고마워요. 방금 이사 들어왔어요.
TIP move in은 이사 들어온 것, move out은 이사 나간 것입니다.

B I guess we are neighbors. 우리 이웃인 거 같네요.
TIP neighbor는 동네나 단체의 개념이 아닌, 한 명, 한 명의 사람이라는 뜻입니다.

✱ 핵심표현

I guess (평서문). (평서문)인 거 같네요.
→ 정황상 추측/확신하듯이 가볍게 내뱉는 말투가 됩니다.

- I guess we are friends now. 이제 우리 친구인 거 같네.
- I guess she likes you more. 그녀가 널 더 좋아하는 거 같네.

✱ 골라 쓰기 좋은 어휘들 ✱

she hates me 그녀가 날 싫어한다
life is fair 인생은 공평하다
you are right 네 말이 맞다

I have no choice 난 선택권이 없다
I can't go 난 갈 수 없다

✱ 핵심표현 응용해보기

1. 그녀가 날 싫어하는 거 같네.

→ I guess she _____.

2. 인생은 공평한 거 같네.

→ I guess _____.

3. 네 말이 맞는 거 같네.

→ I _____.

4. 그녀가 남자 친구가 있는 거 같네.

→ _____.

📌 마유 SAYS

뒷사람을 위해 문을 잡아 주는 것, 숙녀분을 위해 차 문을 열어 주거나 의자를 빼 주는 것, 길 가다 눈이 마주치면 인사하는 것 등은 하지 않으면 굉장히 무례한 수준의 필수 에티켓입니다.

정답 | 1. hates me 2. life is fair 3. guess you are right 4. I guess she has a boyfriend

UNIT 16 무늬만 달리기

A **Are you done with this treadmill?** 이 러닝머신 다 쓰신 거예요?
💡TIP '러닝머신'은 콩글리시입니다. treadmill이 맞는 단어예요.

B **Yeah, I just finished a 50-minute run.** 네, 방금 50분 달리기 끝냈어요.
💡TIP 여기서 50-minute은 단순히 run을 꾸며 주는 형용사라 단수로 써야 합니다.

A **50 minutes? That's a long run!** 50분이요? 긴 달리기네요!
💡TIP run은 명사로 '달리기'도 됩니다. walk는 '산책'이라는 뜻도 되고요.

B **Honestly, I walked for 40 minutes.** 솔직히, 40분은 걸었어요.
💡TIP for 뒤에 기간이나 시간을 넣으면 '~ 동안'이란 뜻입니다.

* 핵심표현

be done with (명사) (명사)를 다 쓰다

→ 뭔가를 다 마친 상태를 표현합니다. done 대신 finished를 써도 됩니다.

- 예 I am done with the fax machine. 팩스기 다 썼어요.
- 예 Are you done with the coffee machine? 커피 머신 다 쓰신 거예요?

＊골라 쓰기 좋은 어휘들＊

the copy machine 복사기   the printer 프린터   the vending machine 자판기
the bathroom 화장실   my homework 내 숙제   everything 모든 것, 전부

* 핵심표현 응용해보기

1. 나 복사기 다 썼어.

→ I am done with _____.

2. 너 화장실 다 썼니?

→ Are you done _____?

3. 저 숙제 다 마쳤어요.

→ I am _____.

4. 나 컴퓨터 다 안 썼어.

→ _____.

🟰 마유 SAYS

흔히 헬스장이라고 하는 곳은 gym이라고 합니다. fitness center도 쓰긴 하지만 드물어요. 그리고 gym에서 규칙적인 세트로 하는 운동을 보통 work out 한다고 합니다.

정답 | **1.** the copy machine **2.** with the bathroom **3.** done with my homework **4.** I am not done with the computer

UNIT 17 퉁퉁 부은 얼굴

2021 하편 Day 067 | 1549회

문장별 꿀팁

A My face is all bloated. 얼굴이 완전 부었어.
TIP bloated(부은)와 비슷한 표현으로 puffy가 있습니다.

B What time did you go to sleep? 몇 시에 잠자리에 들었는데?
TIP go to sleep은 '잠자리에 들다'라는 덩어리 동사입니다.

A I went to bed early. 일찍 들긴 했는데.
TIP go to bed와 비슷한 표현은 hit the sack이 있어요.

B Don't eat anything after 8. 8시 이후엔 아무것도 먹지 마.
TIP after 뒤에는 이렇게 시간/시기가 나와도 되고 평서문이 나와도 됩니다.

* **핵심표현**

What time (질문 어순)? 몇 시에 (질문 어순)이니?
→ 일반적으로 정확한 시각을 물어볼 땐 What time을, 시기를 물어볼 땐 When을 씁니다.

예 What time did you go home? 너 몇 시에 집에 갔어?
예 What time can you come? 너 몇 시에 올 수 있어?

* 골라 쓰기 좋은 어휘들 *

did you wake up 넌 일어났니
did they arrive 그들은 도착했니
did you go to bed 넌 자러 갔니
are you going to call me 넌 내게 전화할 거니

* **핵심표현 응용해보기**

1. 너 오늘 몇 시에 일어났어?
   → What time did you _____?

2. 그녀는 몇 시에 도착했니?
   → What time did _____?

3. 너 몇 시에 거기 갈 거야?
   → What time _____?

4. 너 몇 시에 나한테 전화했어?
   → _____?

마유 SAYS

사실, When은 포괄적인 표현이라 시간을 물어볼 때 쓰기도 합니다. 예 When is lunch?
하지만, 상대방도 헷갈릴 수 있기 때문에 구분해서 쓰는 걸 추천할게요.

정답 | 1. wake up today 2. she arrive 3. are you going to go there 4. What time did you call me

UNIT 18 생일엔 싸우는 게 아니야

문장별 꿀팁

A So, how was your date? 그래서 데이트 어땠어?

TIP 과거의 벌어진 것에 대한 느낌을 물어볼 땐 How was OO?라고 물어보세요.

B We had a big fight. 우리 크게 싸웠어.

TIP have a fight은 말싸움이 될 수도, 주먹싸움이 될 수도 있습니다.

A What? On her birthday? 뭐? 여자 친구 생일에?

TIP birthday와 비슷한 date of birth는 연도를 포함한 '생년월일' 같은 공식적인 느낌입니다.

B I know. That's why I feel so bad. 알아. 그래서 마음이 엄청 안 좋은 거야.

TIP I feel bad.는 '마음이 안 좋다, 안됐다'란 뜻입니다.

* 핵심표현

on (날짜/요일/행사) (날짜/요일/행사)에

→ 문장에 월이나 연도만 있으면 in을 쓰지만, 정확한 날짜, 요일이 껴 있으면 on을 씁니다.

예 We had a fight on Valentine's Day. 우리 밸런타인데이에 싸웠어.

예 My daughter was born on my birthday. 내 딸은 내 생일에 태어났어.

* 골라 쓰기 좋은 어휘들 *

Sunday 일요일
March 10th 3월 10일
on Christmas Day 크리스마스 날

the 10th 10일
March 10, 2025 2025년 3월 10일
on your birthday 네 생일

* 핵심표현 응용해보기

1. 그들은 수요일에 떠났어.

   → They left on _____.

2. 난 11월 16일에 태어났어.

   → I was born _____.

3. 그녀는 크리스마스 날에 돌아왔어.

   → She came back _____.

4. 넌 네 생일에 뭐했니?

   → _____?

🅔 마유 SAYS

월과 연도만 같이 표기할 땐 'March 10th'처럼 날짜는 서수로 쓰는 걸 추천하고, 연도까지 표기할 땐 'March 10, 2025'처럼 날짜를 숫자로만 쓰는 걸 추천합니다. (필수는 아님)

정답 | 1. Wednesday 2. on November 16th 3. on Christmas Day 4. What did you do on your birthday

UNIT 19 도서관에서의 에티켓

문장별 꿀팁

A Could you talk outside, please? 밖에서 얘기해 주실 수 있을까요?

TIP talk은 일반적으로 말을 전해 주는 tell과 달리 '얘기를 나누다'라는 뜻입니다.

B Oh, I'm sorry. Was I loud? 오, 죄송해요. 제가 시끄러웠나요?

TIP 목소리가 크다고 할 땐 noisy가 아니라 loud를 씁니다.

B I didn't realize that. 제가 깨닫지 못했어요.

TIP realize는 사실을 깨닫거나 인지한다는 말입니다.

A That's okay. I have a final exam tomorrow so... 괜찮아요. 내일 기말고사가 있어서요...

TIP 여러 개의 final exam들을 묶어 finals라고도 합니다.

* 핵심표현

Could you (동사원형)? (동사원형)해 주실 수 있을까요?

→ Could는 Can보다 더 정중한 부탁입니다. 그렇다고 Can이 무례한 건 절대 아닙니다.

예 Could you wait in the lobby? 로비에서 기다려 주실 수 있을까요?

예 Could you come early? 일찍 와 주실 수 있을까요?

* 골라 쓰기 좋은 어휘들 *

wait outside 밖에서 기다리다
be quiet 조용히 하다
do me a favor 내 부탁을 들어주다
help us 우릴 도와주다
pass me the salt 내게 소금을 건네주다

* 핵심표현 응용해보기

1. 밖에서 기다려 주실 수 있을까요?

→ Could you wait _____ ?

2. 절 도와주실 수 있을까요?

→ Could you _____ ?

3. 조용히 해 주실 수 있을까요?

→ Could _____ ?

4. 저에게 케첩을 건네주실 수 있을까요?

→ _____ ?

📢 마유 SAYS

Could you와 비슷한 Would you가 있습니다. '~해 주실 수 있을까요?'와 '~해 주시겠어요?' 사이의 정말 미묘한 말투 차이입니다. 둘 다 공손한 부탁임에는 변함이 없습니다.

정답 | 1. outside 2. help me 3. you be quiet 4. Could you pass me the ketchup

UNIT 20 폭풍 흡입하는 친구에게

2021 상편 Day 102 | 1454회

문장별 꿀팁

A Will you slow down? 좀 천천히 먹을래?
> TIP slow down은 '속도를 줄이다'라는 덩어리 동사이며, '속도를 내다'라고 할 땐 speed up 을 씁니다.

A You tend to eat too fast. 넌 너무 빨리 먹는 경향이 있어.
> TIP fast는 형용사도 되고 부사도 됩니다. 주의하세요.

B I know it's a bad habit. 나도 그게 나쁜 습관인 거 알아.
> TIP '~하는 습관이 있다'라는 표현은 have a habit of 뒤에 (~ing)를 써 주세요.

B But I can't help it. 하지만 어쩔 수가 없어.
> TIP 행동이나 감정을 제어할 수 없을 정도라는 의미입니다.

* 핵심표현

tend to (동사원형) (동사원형)하는 경향이 있다

→ 습관적으로 하는 경향을 표현하며, 비슷하게는 have a tendency to가 있습니다.

- I tend to sleep too much. 난 너무 많이 자는 경향이 있어.
- Jenny tends to talk too fast. Jenny는 너무 빠르게 말하는 경향이 있어.

* 골라 쓰기 좋은 어휘들 *

eat too slowly 너무 느리게 먹다
be lazy 게으르다
get nervous 긴장하다

eat late at night 밤늦게 먹다
lie 거짓말하다
oversleep 늦잠을 자다

* 핵심표현 응용해보기

1. 넌 너무 느리게 먹는 경향이 있어.

→ You tend to eat _____.

2. 그녀는 게으른 경향이 있어.

→ She tends _____.

3. Perry는 거짓말하는 경향이 있어.

→ Perry _____.

4. 내 아내는 늦잠 자는 경향이 있어.

→ _____.

마유 SAYS

너무 빨리 먹는 친구에게 '너 그러다 체하겠다!'라고 할 땐, 교과서적인 get indigestion / get an upset stomach(체하다)보단, 편하게 You're going to get sick.이라고 많이 씁니다.

정답 | 1. too slowly 2. to be lazy 3. tends to lie 4. My wife tends to oversleep

QUIZ

1 'run into'와 비슷한 표현이 <u>아닌</u> 것은?

ⓐ bump into ⓑ come across
ⓒ hit ⓓ 전부 비슷한 표현임

2 'fast'의 부사는?

ⓐ fastly ⓑ fast ⓒ fasten ⓓ fastest

3 옷을 한창 입고 있는 동작을 나타내는 동사는?

ⓐ take off ⓑ wear ⓒ put on ⓓ apply

4 친구에게 '난 네 말을 믿어.'라고 하는 문장은?

ⓐ I believe you. ⓑ I believe in you.
ⓒ I believe for you. ⓓ I believe with you.

5 '부산에 가 본 적 있니?'라고 물어보는 질문으로 맞는 것은?

ⓐ Have you gone to Busan? ⓑ Have you visited to Busan?
ⓒ Have you been to Busan? ⓓ Did you go to Busan?

🔖 TIP

1. 특히 'come across'는 우연히 뭔가를 발견한다는 뜻도 됩니다.
2. 'fast'는 형용사, 부사 둘 다 됩니다.
3. 입는 동작은 'put on', 이미 입은 상태는 'wear'입니다.
4. 'believe in'은 존재나 가치를 믿는 것, 'in'이 빠지면 말을 믿는 것이죠.
5. 가 본 경험은 'gone to'가 아닌 'been to'가 맞습니다. 'visited'를 쓰려면 'to'는 빼세요.

CHAPTER 2

6 다음 중 의미가 전혀 <u>다른</u> 표현은?

ⓐ be scared of   ⓑ have a fear of
ⓒ be afraid of   ⓓ be proud of

7 'I used to eat apples.'의 의미는?

ⓐ 아직도 사과를 즐김   ⓑ 사과를 먹어 본 적 있음
ⓒ 더 이상 사과를 안 먹음   ⓓ 사과 먹는 것에 익숙함

8 '요리를 잘한다'라는 의미의 문장으로 맞는 것은?

ⓐ I'm good in cook.   ⓑ I'm good in cooking.
ⓒ I'm good at cooking.   ⓓ I'm good at cook.

9 '잠자리에 든다'라는 표현으로 <u>틀린</u> 것은?

ⓐ go to bed   ⓑ hit the bed
ⓒ hit the sack   ⓓ 전부 잠자리에 든다는 표현임

10 다음 중 <u>틀린</u> 문장은?

ⓐ I was born on the 16th.   ⓑ She left on Monday.
ⓒ It happened in 2025.   ⓓ I came back in May 25th.

🔷 TIP

6 'be proud of'는 뭔가 자랑스럽다는 표현입니다.
7 'used to'는 '~하곤 했다'이므로 더 이상 하지 않는다는 뉘앙스가 있어요.
8 'be good at' 뒤에는 명사나 (~ing) 둘 다 올 수 있어요.
9 'hit the sack'은 'go to bed'를 캐주얼하게 바꾼 표현일 뿐입니다.
10 아무리 '월'이 있다고 해도 정확한 '날짜'가 함께 있다면 'on'을 써야 합니다.

미유's Pick 사용빈도 1억 단어

- ☐ **clean** 청소하다; 깨끗한
  - 예 Clean your room. 네 방을 청소해.
  - 예 The kitchen is clean! 부엌 깨끗하다!

- ☐ **cold** 추운
  - 예 It's very cold today. 오늘 엄청 추워.
  - 예 My hands are cold. 내 손이 차가워.

- ☐ **learn** 배우다
  - 예 I want to learn English. 나 영어 배우고 싶어.
  - 예 She learns fast. 그녀는 빨리 배워.

- ☐ **helpful** 도움이 되는
  - 예 That was helpful. 그거 도움됐어.
  - 예 He is always helpful. 그는 항상 도움이 돼.

- ☐ **smile** 미소 짓다; 미소
  - 예 She smiled at me. 그녀가 내게 미소 지었어.
  - 예 I like your smile. 난 네 미소가 좋아.

- ☐ **visit** 방문하다
  - 예 I visited her house. 난 그녀의 집을 방문했어.
  - 예 Come and visit me soon. 조만간 날 보러 와.

- ☐ **excited** 신난, 흥분한, 기대되는
  - 예 I'm so excited! 나 너무 신나!
  - 예 Aren't you excited? 너 기대되지 않아?

- ☐ **angry** 화난
  - 예 Are you still angry with me? 너 아직도 나한테 화났어?
  - 예 He got angry fast. 그는 금방 화를 냈어.

☐ **problem** 문제
- 예 What's the problem? 무슨 문제야?
- 예 I fixed the problem. 나 그 문제 해결했어.

☐ **dark** 어두운
- 예 It's dark outside. 밖이 어두워.
- 예 The studio was very dark. 그 스튜디오는 아주 어두웠어.

☐ **usually** 보통
- 예 I usually wake up early. 난 보통 일찍 일어나.
- 예 She usually eats alone. 그녀는 보통 혼자 먹어.

☐ **shy** 수줍은
- 예 He is just shy. 그는 그냥 수줍은 거야.
- 예 Amy is a shy girl. Amy는 수줍은 여자애야.

☐ **practice** 연습하다; 연습
- 예 Practice every day. 매일 연습해.
- 예 I need more practice. 난 연습이 더 필요해.

☐ **city** 도시
- 예 I live in a big city. 난 큰 도시에 살아.
- 예 The city is noisy. 그 도시는 시끄러워.

☐ **friendly** 친절한, 친근한
- 예 Korean people are very friendly. 한국 사람들은 아주 친절해.
- 예 The employees were friendly. 직원들이 친절했어.

☐ **answer** 대답, 답
- 예 What's your answer? 너의 대답은 뭐니?
- 예 I don't know the answer. 난 답을 몰라.

마유's Pick 사용빈도 1억 표현

- ☐ **Let's call it a day.** 오늘은 여기까지 하자.
- ☐ **Take your time.** 천천히 해.
- ☐ **No worries.** 괜찮아.
- ☐ **It depends.** 상황에 따라 달라.
- ☐ **I'm not in the mood.** 나 그럴 기분 아니야.
- ☐ **It's worth a try.** 한번 해 볼 만해.
- ☐ **I'm in a hurry.** 나 지금 급해.
- ☐ **I'll get it.** 내가 받을게요. (전화 왔을 때)
- ☐ **Long time no see.** 오랜만이야.
- ☐ **I'll let you know.** 알려줄게.
- ☐ **I'm all ears.** 잘 듣고 있어.
- ☐ **I couldn't agree more.** 전적으로 동의해.
- ☐ **Better late than never.** 안 하는 것보단 늦게라도 하는 게 낫지.
- ☐ **For real?** 진짜야?
- ☐ **That's enough!** 그만 좀 해!
- ☐ **I'm good, thanks.** 괜찮아요, 고마워요.
- ☐ **Help yourself.** 마음껏 드세요.
- ☐ **I'm broke.** 나 완전히 돈 없어.
- ☐ **Let me see.** 어디 보자.
- ☐ **Just a second.** 잠깐만요.

> 제가 한국에 돌아와 십수 년간 외치는 슬로건이 하나 있습니다.
> 바로, '아는 영어' 말고 '하는 영어'입니다.
>
> 학창 시절 내내 영어를 배웠지만 여전히 우리가 영어를 못하는 이유는
> 단어나 문법 같은 지식을 '알지 못해서'가 아니라, '알기만' 했기 때문입니다.
>
> 새로운 지식을 끊임없이 입력했지만, 막상 출력해 볼 기회는 없었던 것이죠.
> 손으로도 제대로 못 쓰는데, 전화 영어를 한다고, 프리토킹을 한다고
> 과연 입으로 튀어나올까요?
> 돈은 내가 냈는데 영어는 원어민만 늘고 있을 겁니다.
>
> ==이제 '하는 영어'를 해야 합니다.==
> 단어 하나를 외우더라도 문장에 넣어 봐야 하고,
> 패턴 하나를 익히더라도 손과 입으로 반복해서 영작해 봐야 합니다.
>
> 영어 못하는 사람이 꼭 이런 말을 합니다.
> "나 이 단어 아는데? 이 표현 모르는 사람이 있음? 내가 문법은 좀 잘 알거든?"
> 네, 평생 '알고만' 있을 겁니다.
>
> 우리는 20 에피소드 후에 '하는 영어' 하며 다시 만나겠습니다.
>
> Yours,
> MAYU (Master Eugene)

CHAPTER 03

01 이래 봬도 모델입니다
02 승무원이 되고 싶은 아이
03 등만 좀 살살 해 주세요
04 간호사님은 천사야
05 택시에서 내리는 곳 정확히 말하기
06 이중 언어 구사자의 여유
07 차 크기에 따라 다른 세차비
08 20년 전통의 스테이크 하우스
09 범퍼 수리 전문점
10 느린 배송은 날 슬프게 해
11 손님이 원하신다면
12 1+1은 진리야
13 렌터카 대여소 직원
14 밤샘 작업은 지치지
15 휴가가 다가오는구나
16 자면서 통근하고 싶어
17 새로 온 인턴사원은 내 후배
18 복장 규율이 다른 직장
19 고장 난 복사기
20 사장님의 메시지

UNIT 01 이래 봬도 모델입니다

2024 하편 Day 028 | 2290회

A Wow, you have a great sense of style!
와, 스타일 감각 아주 좋으시네요!

TIP a sense of style은 '스타일 감각'이란 뜻이며, 비슷하게는 a sense of fashion이 있습니다.

B I get that a lot. I'm a fashion model.
그런 말 자주 들어요. 패션모델이거든요.

TIP I get that a lot.에서 that은 앞에서 상대방이 나에 대해 언급하거나 칭찬한 말입니다.

A Really? But you're not that tall.
아, 그래요? 그런데 키가 그렇게 크진 않으신데.

TIP 형용사 앞에 이렇게 that을 넣으면 '그렇게, 그렇게나' 정도의 의미가 됩니다.

B Well, I'm a hand model. 음, 손 모델입니다.

TIP model은 'o'에 강세를 주고 'd'를 부드럽게 읽어 '마럴' 정도로 발음하세요.

* 핵심표현

be (명사) (명사)이다
→ be동사와 명사를 섞으면 신분이나 처지를 나타낼 수 있습니다.

- I am a taxi driver. 저는 택시 기사입니다.
- She is my cousin. 걔는 내 사촌이야.

* 골라 쓰기 좋은 어휘들 *

a flight attendant 승무원	an artist 예술가	their company 그들의 회사
twins 쌍둥이	his niece 그의 여자 조카	mice 쥐 (mouse의 복수형)
dentist 치과 의사	the charger 그 충전기	

* 핵심표현 응용해보기

1. 난 승무원이야.

→ I am a _____.

2. 이건 내 장난감이야.

→ This _____.

3. 그들은 친구야.

→ They _____.

4. 너의 언니는 간호사니?

→ _____?

📢 마유 SAYS

I get that a lot.(그런 말 자주 들어요.)은 칭찬에 대한 대답도 되지만, '~를 닮으셨어요.' 같은 중립적인 말에 대한 대답도 됩니다. 칭찬에 대한 조금 더 겸손한 대답은 Thank you. I'm flattered.(고마워요. 과찬이세요.)를 추천합니다.

정답 | 1. flight attendant 2. is my toy 3. are friends 4. Is your sister a nurse

승무원이 되고 싶은 아이

2024 하편 Day 058 | 2320회

A I will be a flight attendant like you someday.
저도 언젠가 언니처럼 승무원이 될 거예요.

TIP flight attendant는 성별을 구분하지 않고 쓰는 트렌드에 맞는 단어입니다.

B Oh, you will! Believe in yourself.
오, 그렇게 될 거야! 네 자신을 믿으렴.

TIP believe in은 말을 믿는 게 아니라 존재나 가치를 믿는 것입니다.

A But I'm not so pretty.
그렇지만 전 그렇게 예쁘지 않은 걸요.

TIP not so는 '그렇게 ~하진 않은'이란 의미입니다.

B Looks are not important. You just need confidence!
외모는 중요하지 않아. 자신감만 있으면 돼!

TIP look을 복수(looks)로 쓰면 일반적인 외모를 의미합니다.

* 핵심표현

like (목적어) (목적어)처럼/같은

→ '정확히 딱 ~처럼'이라고 강조하고 싶다면 just like (someone)의 형식으로 쓰면 됩니다.

- I want to marry someone like her. 난 그녀 같은 사람과 결혼하고 싶어.
- I want to be like you. 난 당신처럼 되고 싶어요.

* 골라 쓰기 좋은 어휘들 *

my sister 나의 누나/언니	**my dad** 나의 아빠	**my friends** 내 친구들
the actor 그 배우	**the teacher** 그 선생님	**your mom** 너의 엄마

* 핵심표현 응용해보기

1. 넌 너의 언니 같아.

→ You are like _____.

2. 넌 딱 너의 엄마 같아.

→ You are _____.

3. 난 그 배우처럼 되고 싶어.

→ I want to _____.

4. 난 나의 아빠 같은 사람과 결혼하고 싶어.

→ _____.

마유 SAYS

외모(looks)에 관한 말은 매우 주의하세요. '잘생겼다, 예쁘다, 다리가 길다, 눈이 크다'와 같은 말 대신, 스타일(헤어, 옷, 액세서리)을 칭찬하는 문화가 지배적입니다.

정답 | 1. your sister 2. just like your mom 3. be like the actor 4. I want to marry someone like my dad

UNIT 03 등만 좀 살살 해 주세요

2024 하편 Day 108 | 2370회

문장별 꿀팁

A Can you go easy on my back? 등은 살살 해 주실 수 있어요?
TIP 반대로 강하게 다룬다고 할 땐 go hard on을 쓰세요.

B Sure. Did you hurt your back? 그럼요. 등을 다치셨나요?
TIP 일부러 다친 게 아니어도 hurt의 주어는 다친 사람으로 쓰세요.

A Yeah. It's very weak now. 네. 등이 지금 굉장히 약해요.
TIP weak의 반대는 strong입니다.

B No worries. I will be gentle. 문제없죠. 살살 할게요.
TIP No worries.는 '걱정 말라, 문제없다'라는 Don't worry.보다 더 캐주얼한 표현입니다.

* 핵심표현

go easy + on (명사) (명사)를 살살 다루다
→ 사람을 살살 다루거나 너무 힘들게 하지 말라고 할 때도 쓸 수 있습니다.

예) Please go easy on my neck. 목은 살살 해 주세요.
예) I will go easy on your back. 등은 살살 해 드릴게요.

* 골라 쓰기 좋은 어휘들 *

my lower back 내 등 아래 쪽	my shoulders 내 어깨	your sister 너의 여동생
her 그녀	your son 네 아들	my feet 내 발
them 그들		

* 핵심표현 응용해보기

1. 그들을 살살 다뤄.

→ Go easy on _____.

2. 제 발을 살살 다뤄 주세요.

→ Please go easy _____.

3. 당신의 어깨를 살살 다뤄 드릴게요.

→ I will go _____.

4. 제 손을 살살 다뤄 주실 수 있어요?

→ _____.

마유 SAYS

미국에서는 마사지를 포함한 서비스업의 경우 일반적으로 15%의 팁을 줍니다.
서비스가 좋았다면 20% 이상도 굉장히 흔합니다. 팁도 신용 카드로 계산이 가능합니다.

정답 | 1. them 2. on my feet 3. easy on your shoulders 4. Can you go easy on my hands

UNIT 04 간호사님은 천사야

A Nurse, could you help me walk?
간호사님, 저 걷는 것 좀 도와주실 수 있을까요?

TIP 타인의 행동을 도와준다고 할 땐, help (someone) 뒤에 바로 동사원형을 넣으세요.

B Oh, do you need to go to the bathroom? 아, 화장실에 가셔야 하나요?

TIP bathroom은 일반적으로 집의 화장실과 공중 화장실에 다 쓸 수 있습니다.

A I just want to get some fresh air. 그냥 신선한 공기 좀 쐬고 싶어서요.

TIP fresh를 빼고 get some air라고 써도 됩니다.

B No problem. Here, let me hold you. 문제없죠. 자, 제가 잡아 드릴게요.

TIP Here,는 '자,'라고 하는 추임새에 불과합니다.

✱ 핵심표현

need to (동사원형) (동사원형)할 필요가 있다 / 해야 한다
→ have to보다 어감은 더 부드럽지만, 의미상으론 큰 차이가 없습니다.

- 예 You need to lose weight. 넌 살을 뺄 필요가 있어.
- 예 She needs to have confidence. 그녀는 자신감을 가져야 해.

✱ 골라 쓰기 좋은 어휘들 ✱

work harder 더 열심히 일하다	**get some rest** 좀 쉬다	**talk** 얘기하다
get some sleep 좀 자다	**eat more** 더 먹다	**work out** 운동하다

✱ 핵심표현 응용해보기

1. 난 좀 쉴 필요가 있어.

→ I need to get _____.

2. 우린 얘기할 필요가 있어.

→ We need _____.

3. 그녀는 좀 자야 해.

→ She _____.

4. 넌 더 열심히 공부할 필요가 있어.

→ _____.

🟰 마유 SAYS

선생님의 경우에는 인간적이고 지속적 관계를 강조하기 위해 teacher가 아닌 사람의 이름으로 부르지만, 의사나 간호사의 경우에는 전문성과 권위를 나타내기 위해 doctor/nurse로 부르는 경우가 일반적입니다.

정답 | 1. some rest 2. to talk 3. needs to get some sleep 4. You need to study harder

UNIT 05 택시에서 내리는 곳 정확히 말하기

① Sir, we are almost there.
② Should I make a U-turn here?
③ Oh, just go straight and make a right there.
④ Then, drop me off at the gas station.

문장별 꿀팁

A Sir, we are almost there. 선생님, 거의 다 왔습니다.

> TIP 어디에 거의 다 왔다고 할 땐 arrive 같은 단어 대신 단순히 almost here/there로 쓰세요.

A Should I make a U-turn here? 여기서 유턴해야 할까요?

> TIP make a U-turn은 '유턴하다'라는 덩어리 동사입니다.

B Oh, just go straight and make a right there.

아, 그냥 똑바로 가시다가 저기서 우회전해 주세요.

> TIP make a right(우회전하다) 대신 단순히 turn right을 써도 됩니다.

B Then, drop me off at the gas station.

그러고 나서, 주유소에서 내려 주세요.

> TIP '~를 …에서 픽업하다'라고 할 땐 pick (someone) up at/from을 쓰세요.

* 핵심표현

drop (목적어) **off + at** (장소) (목적어)를 (장소)에(서) 내려 주다
→ at 외에 in front of(앞에)/behind(뒤에)/near(근처에) 등으로 응용하세요.

예) Drop me off at the hotel. 날 호텔에서 내려 줘.
예) I dropped him off at the zoo. 난 그를 동물원에 내려 줬어.

* 골라 쓰기 좋은 어휘들 *

the mall 그 쇼핑몰	the bus stop 그 버스 정류장	school 학교
work 회사	the airport 그 공항	the entrance 그 입구
the parking lot 그 주차장		

* 핵심표현 응용해보기

1. 날 그 쇼핑몰에서 내려 줘.

→ Drop me off _____.

2. 날 학교에서 내려 줘.

→ Drop me _____.

3. 난 그녀를 입구에서 내려 줬어.

→ I dropped _____.

4. 절 그 주차장에서 내려 주실 수 있어요?

→ _____?

마유 SAYS

택시에 탈 때 '어디로 모실까요?'는 영어로 Where to?라고 합니다.
내릴 때 현금 계산 시 거스름돈을 팁으로 쓰고 싶다면, Keep the change.라고 하세요.

정답 | 1. at the mall 2. off at school 3. her off at the entrance 4. Can you drop me off at the parking lot

UNIT 06 이중 언어 구사자의 여유

2024 상편 Day 123 | 2255회

문장별 꿀팁

A Why should we hire you? 왜 저희가 당신을 고용해야 하죠?
TIP hire(고용하다)의 반대는 fire(해고하다)입니다.

B I'm a fast learner, and I speak two languages.
전 빠르게 배우고, 두 가지 언어를 구사합니다.
TIP fast learner라는 말은 실제로 쓰이는 단어입니다. *배우는 게 빠른 사람

A What languages do you speak? 무슨 언어를 구사하시죠?
TIP What을 명사와 섞으면 새로운 의문사인 'What (명사) = 무슨 (명사)'가 됩니다.

B I speak both Korean and English. 한국어와 영어 둘 다 합니다.
TIP speak은 단순히 말한다는 뜻 외에도 '(언어를) 구사하다'라는 뜻도 됩니다.

* 핵심표현

both A and B A와 B 둘 다

→ 여기서 A와 B는 둘 다 명사가 될 수도 있고 형용사가 될 수도 있습니다.

- Olivia speaks both French and Korean. Olivia는 프랑스어랑 한국어 둘 다 해.
- I visited both Seoul and Busan. 난 서울과 부산 두 곳을 다 방문했어.

* 골라 쓰기 좋은 어휘들 *

you and your brother 너와 너의 오빠
Japanese and Spanish 일본어와 스페인어

apples and bananas 사과와 바나나
coffee and tea 커피와 차

* 핵심표현 응용해보기

1. 난 커피와 차 둘 다 좋아해.

→ I like both _____.

2. 내 딸은 일본어와 스페인어 둘 다 해.

→ My daughter speaks _____.

3. 우린 태국과 홍콩 둘 다 방문했어.

→ We _____.

4. 난 시간과 돈이 둘 다 필요해.

→ _____.

마유 SAYS

면접을 볼 때 강렬한 악수와 eye contact는 자신감을 나타내는 데 필수입니다.
참고로, 자기소개서는 1장을 넘기지 말고, 이력서에 연관성 떨어지는 경력은 무조건 빼세요.
이력서가 길면 아예 살펴보지도 않습니다.

정답 | 1. coffee and tea 2. both Japanese and Spanish 3. visited both Thailand and Hong Kong 4. I need both time and money

UNIT 07 차 크기에 따라 다른 세차비

A How much do you charge for a car wash? 세차 한 번에 얼마예요?
TIP charge는 '충전하다'라는 의미 외에 '청구하다'라는 의미도 됩니다.

B It depends. How big is your car? 그때그때 달라요. 차가 얼마나 크죠?
TIP It depends.는 '상황이나 조건에 따라 다르다'라는 덩어리 표현입니다.

A It's not small. It's an SUV. 작지는 않아요. SUV거든요.
TIP SUV 앞에는 an을 씁니다. 'S'의 발음이 모음으로 시작하기 때문이에요.

B That would be $9.99. 9달러 99센트 되겠습니다.
TIP 회화체에서는 dollars와 cents를 빼고 nine ninety-nine으로 읽을 때가 많습니다.

* 핵심표현

How (형용사) am/are/is (명사)? (명사)는 얼마나 (형용사)해?
→ 상태의 정도를 물어보는 질문입니다. 키가 크다면 대체 '얼마나' 큰지를 물어보는 것이죠.

- How tall are you? 너 키가 얼마나 커?
- How far is the gas station? 주유소가 얼마나 멀어요?

* 골라 쓰기 좋은 어휘들 *

| deep 깊은 | cold 차가운 | heavy 무거운 | late 늦은 |
| difficult 어려운 | complicated 복잡한 | expensive 비싼 | dark 어두운 |

* 핵심표현 응용해보기

1. 그 물은 얼마나 깊어?
→ How deep is _____?

2. 그 신발은 얼마나 가벼워?
→ How light _____?

3. 그 질문은 얼마나 어려웠어?
→ How _____?

4. 네 여자 친구는 키가 얼마나 커?
→ _____?

마유 SAYS

미국의 경우 세차 중 차량 손상을 걱정하는 사람이 많아 일반적으로 자동 세차보다 손 세차 서비스가 더 흔합니다. 물론 서비스업이기 때문에 여전히 팁을 주는 건 잊지 마세요. (10% 정도)

정답 | 1. the water 2. are the shoes 3. difficult was the question 4. How tall is your girlfriend

20년 전통의 스테이크 하우스

문장별 꿀팁

A It was the best steak ever! 여태껏 먹어 본 최고의 스테이크예요!

TIP 문장 맨 뒤에 ever를 넣으면 '여태껏 최고'라는 느낌을 연출합니다.

B Thank you. It's my mother's signature recipe.
고맙습니다. 저희 어머니만의 조리법이죠.

TIP signature는 명사와 함께 쓰여 '고유의'라는 의미를 나타냅니다.

A Awesome! So, this must be a family business.
멋지네요! 그러니까, 가족 사업인가 보군요.

TIP awesome(멋진) 대신 cool, fabulous 같은 형용사도 써 보세요.

B Yes, she opened this restaurant 20 years ago.
네, 어머니께서 이 식당을 20년 전에 여셨어요.

TIP ago는 '(현재 기준으로) ~전에'라는 의미입니다.

❋ 핵심표현

must be (명사) 분명히 (명사)일 것이다 / (명사)인가 보군요

→ must는 강한 추측/확신을 의미합니다. must 뒤에 be동사 대신 일반동사도 쓸 수 있어요.
  예) You must really like him.

예) **They must be twins.** 그들은 분명히 쌍둥이일 거야.

예) **You must be Ally's dad.** 당신이 Ally의 아빠인가 보군요.

> ❋ 골라 쓰기 좋은 어휘들 ❋
>
> **his sister** 그의 누나   **a model** 모델   **Jason's cousin** Jason의 사촌
> **Jerry's son** Jerry의 아들 **a singer** 가수   **the lawyer** 그 변호사

❋ 핵심표현 응용해보기

1. 네가 마유의 여동생인가 보구나.

  → You must be _____.

2. 그녀는 분명히 의사일 거야.

  → She must be _____.

3. 그가 그 파일럿인가 보네.

  → He _____.

4. 그녀는 영어 선생님일 거야.

  → _____.

🟠 마유 SAYS

스테이크는 잘 익혀진 것부터 덜 익혀진 순서대로 well-done 〉 medium well-done 〉 medium 〉 medium rare 〉 rare 정도가 있습니다. 거의 안 익힌 수준으로 먹을 때 bloody란 표현도 쓸 수 있어요.

정답 | **1.** Mayu's sister **2.** a doctor **3.** must be the pilot **4.** She must be an English teacher

UNIT 09 범퍼 수리 전문점

❶ How much is it to fix this bumper?
❷ Someone just rear-ended me.
❸ That would be $300.
❹ It will take 2 to 3 days.

문장별 꿀팁

A How much is it to fix this bumper? 이 범퍼 고치는 데 얼마예요?

TIP 물건이 아닌 서비스 가격을 물어볼 땐 보통 How much is it to ~?를 사용합니다.

A Someone just rear-ended me. 누가 방금 뒤에서 저를 받았거든요.

TIP rear-end (someone) (~를 뒤에서 받다)는 hit (someone) from behind라고 쓰기도 합니다.

B That would be $300. 300달러 되겠습니다.

TIP 가격을 대략 얘기할 때 That's 대신 That would be를 쓰기도 합니다.

B It will take 2 to 3 days. 2일에서 3일 걸릴 거예요.

TIP 2 days to 3 days를 줄여 표현한 것입니다. 마치 '2~3일'이라고 하는 것 같은 거예요.

* 핵심표현

take (기간) (기간)이 걸리다
→ 그만큼의 기간을 소모하거나 '가져간다'라는 의미에서 take를 씁니다.

- 예 It will take 2 weeks. 2주가 걸릴 겁니다.
- 예 It took 3 hours. 3시간이 걸렸어.

* 골라 쓰기 좋은 어휘들 *

3 minutes 3분	5 hours 5시간	a week 일주일	2 months 2개월
3 years 3년	a decade 10년	a long time 오랜 기간	a while 한동안

* 핵심표현 응용해보기

1. 7시간이 걸렸어.

    → It took _____.

2. 3주일이 걸릴 겁니다.

    → It will _____.

3. 그 수리는 오랜 기간이 걸렸어.

    → The repair _____.

4. 한동안 걸릴 거야.

    → _____.

📖 마유 SAYS

자동차 대여 시 여행자 보험이나 국내에서 쓰고 있는 자동차 보험으로 처리가 되는지 미리 알아보세요. 이중으로 보험료를 지불하는 경우가 흔하며, 대여 업체에서는 무조건 가입을 유도합니다.

정답 | 1. 7 hours 2. take 3 weeks 3. took a long time 4. It will take a while

UNIT 10 느린 배송은 날 슬프게 해

문장별 꿀팁

A Hello? I haven't received my jeans yet.
여보세요? 제 청바지를 아직 못 받았는데요.

TIP 청바지는 jean이 아니라 보통 jeans와 같이 복수로 씁니다.

A I ordered them a week ago. 일주일 전에 주문했거든요.

TIP 앞에서 jeans(복수)로 썼기 때문에 it이 아닌 them으로 받았습니다.

B I'm sorry to hear that, sir. 유감입니다, 손님.

TIP I'm sorry to 뒤에 동사원형으로 이어 가면 유감이란 의미가 됩니다.

B May I have your order number and your last name?
주문 번호와 성을 알려 주실 수 있을까요?

TIP last name은 성, first name은 성을 뺀 나머지 이름을 의미합니다.

* 핵심표현

haven't/hasn't (p.p.) (p.p.)한 상태가 아니다
→ 과거에 하지 않아서 결론적으로 현재에도 그걸 한 상태가 아님을 강조합니다.

- 예 I haven't received the email. 난 그 이메일을 받은 상태가 아니야. (→ 못 받았어요)
- 예 She hasn't come back yet. 그녀는 아직 돌아온 상태가 아니야. (→ 안 돌아왔어요)

골라 쓰기 좋은 어휘들

| left 떠난 | heard 들은 | sent 보낸 | found 찾아낸 |
| arrived 도착한 | started 시작된 | sold 팔아 버린 | called 전화한 |

* 핵심표현 응용해보기

1. 난 내 열쇠를 찾은 상태가 아니야.
   → I haven't found _____.

2. 그녀는 아직 도착한 상태가 아니야.
   → She hasn't _____.

3. 그는 아직 내게 전화한 상태가 아니야.
   → He _____.

4. 그 파티는 아직 시작한 상태가 아니야.
   → _____.

마유 SAYS

미국은 땅덩이도 넓지만 뭐든지 처리 속도가 느린 편이라 배송까지 3~7일까지는 기다려야 합니다. 저도 한국에 와서 다음날 배송된 물건에 입이 떡 벌어졌던 기억이 나네요.

정답 | 1. my key 2. arrived yet 3. hasn't called me yet 4. The party hasn't started yet

UNIT 11 손님이 원하신다면

2022 하반 Day 008 | 1750회

문장별 꿀팁

A Can I get one hot Americano? 뜨거운 아메리카노 하나 주실 수 있나요?

TIP 용기가 정해진 것은 음료라 해도 셀 수 있는 단어 취급이 가능해요. 예 a coffee

B Are you sure you want a hot one? 뜨거운 걸 원하시는 게 확실해요?

TIP 여기서 one(것)은 앞에 나온 hot Americano를 받는 대명사입니다.

A Correct. I never drink cold beverages.

맞아요. 전 절대 차가운 음료는 안 마셔요.

TIP beverage(음료)보다 캐주얼한 단어는 drink입니다.

B I see. Here's the buzzer. 알겠습니다. 여기 진동 알림기 드려요.

TIP buzzer는 '진동 알림기'를 의미합니다.

✱ 핵심표현

Can I get (명사)? (명사)를 받을 수 있나요? (→ 주실 수 있나요?)
→ 뭔가를 주문할 때 사용합니다. get 대신 have를 써도 됩니다.

- Can I get one hot milk? 뜨거운 우유 하나 주실 수 있나요?
- Can I get two cheeseburgers? 치즈버거 두 개 주실 수 있나요?

✱ 골라 쓰기 좋은 어휘들 ✱

one #3 3번 세트
an iced cafe latte 아이스 카페라테 하나
a bottle of water 물 한 병

a large drink 큰 음료
a glass of water 물 한 잔
a hot coffee 뜨거운 커피 하나

✱ 핵심표현 응용해보기

1. 5번 세트 하나 주실 수 있나요?

→ Can I get one _____?

2. 큰 음료 두 개 주실 수 있나요?

→ Can I get two _____?

3. 물 한 병 주실 수 있나요?

→ Can I _____?

4. 아이스 아메리카노 하나 주실 수 있나요?

→ _____?

🟠 미유 SAYS

요즘엔 미국 커피숍도 한국처럼 buzzer(알림기)로 알려 주는 곳이 있지만, 여전히 이름을 불러 주는 곳이 많습니다. I'll call your name when your drink is ready. (음료가 준비되면 이름 불러 드릴게요.)'를 알아 두세요.

정답 | 1. # 5 2. large drinks 3. get a bottle of water 4. Can I get an[one] iced Americano

UNIT 12 | 1 + 1은 진리야

문장별 꿀팁

A If you buy one box, the second one is free.
한 상자를 사시면, 두 번째 것은 무료입니다.

TIP the second one에서 one은 하나라는 의미가 아니라 '것'이라는 대명사입니다.

B What a great deal! 엄청 좋은 가격이네요!

TIP deal은 '거래'라는 뜻이 있습니다. 좋은 거래라는 건 결국 괜찮은 가격이란 의미입니다.

B I'd like to buy two boxes, then. 그럼, 두 상자 사고 싶어요.

TIP I'd like to ~.는 I want to ~.보다 예의 있는 표현입니다.

A Great! You'll get two boxes for free, then.
좋아요! 그럼, 두 상자를 무료로 받으실 거예요.

TIP for free는 부사로 '무료로'라는 덩어리 표현입니다.

✱ 핵심표현

What (형용사) (명사)! 엄청 (형용사)한 (명사)네요!

→ 대단함을 감탄하는 표현입니다. 셀 수 없는 명사라면 a/an은 넣지 마세요.

- 예) What a great day! 엄청 좋은 날이네요!
- 예) What an exciting adventure! 엄청 신나는 모험이네요!

✱ 골라 쓰기 좋은 어휘들 ✱

a lovely day 사랑스러운 날	a cute baby 귀여운 아기
beautiful weather 아름다운 날씨	a gorgeous view 아름다운 경치
a rude person 무례한 사람	a good deal 좋은 거래

✱ 핵심표현 응용해보기

1. 엄청 사랑스러운 날이네요!

→ What a _____!

2. 엄청 똑똑한 여자애네!

→ What _____!

3. 엄청 아름다운 날씨네요!

→ What _____!

4. 엄청 지루한 영화네!

→ _____!

🟠 마유 SAYS

이렇게 1+1 아이템은 one-plus-one item이 아니라 buy-one-get-one-free item이라고 합니다. Can you go any lower?(더 깎아 주실 수 있어요?)를 거의 암기하다시피 하세요. 세상에 흥정할 수 없는 건 없습니다.

정답 | 1. lovely day 2. a smart girl 3. beautiful weather 4. What a boring movie

렌터카 대여소 직원

문장별 꿀팁

A I'm here to return the rental car. 렌터카를 반납하려고 왔어요.

TIP rent car가 아니라 rental car가 맞는 표현입니다.

B You can drop your key in the drop box.

열쇠를 드롭 박스에 떨궈 두시면 됩니다.

TIP can은 '~할 수 있다'라는 뜻도 되고 '~해도 된다'라는 뜻도 됩니다.

A Don't you have to check for damage?

손상을 확인하셔야 하지 않아요?

TIP Don't you ~로 문장을 시작하면 뭔가를 확인하는 듯한 질문이 됩니다.

B No need. You have a full coverage plan.

그럴 필요 없습니다. 종합 보험 플랜이 있으세요.

TIP No need.는 There is no need.(필요 없습니다.)를 줄인 표현입니다.

※ 핵심표현

I'm here to (동사원형). (동사원형)하려고 왔어요.
→ 방문의 용건을 알리는 표현입니다. 방문이 아니라 글이라면 I'm writing to를 쓰세요.

(예) I'm here to see Anna. Anna를 보려고 왔어요.
(예) I'm here to buy a car. 차를 사려고 왔어요.

* 골라 쓰기 좋은 어휘들 *

see Mr. Jackson Jackson 씨를 보다
open a checking account 당좌 예금 계좌를 열다
help 도와주다   talk to you 너와 얘기하다   get some information 정보를 좀 얻다

※ 핵심표현 응용해보기

1. Johnson 씨를 보려고 왔는데요.

→ I'm here to _____.

2. 당좌 예금 계좌를 열려고 왔는데요.

→ I'm here _____.

3. 당신의 아들과 얘기하려고 왔는데요.

→ I'm _____.

4. 제 차를 픽업하려고 왔는데요.

→ _____.

마유 SAYS

자동차를 대여할 때 대여소를 나서기 위해 손상이 있는지 무조건 직원과 함께 확인해 봐야 합니다. 참고로, '찌그러진 곳'은 dent, '긁힌 자국'은 scratch, '문콕'은 door ding이라고 합니다.

정답 | 1. see Mr. Johnson 2. to open a checking account 3. here to talk to your son 4. I'm here to pick up my car

밤샘 작업은 지치지

문장별 꿀팁

A You look exhausted. What's up? 자네 지쳐 보여. 무슨 일이야?

TIP What's up?은 인사로만 쓰는 게 아니라, 걱정되어 괜찮은지 물어볼 때도 사용합니다.

B I stayed up all night. 나 밤샜어.

TIP all night(밤 내내)를 더 강조하려면 all night long을 쓰세요.

B A huge project is coming up. 엄청 큰 프로젝트가 다가오고 있거든.

TIP coming up은 뭔가 다가온다는 의미입니다.

A Stop working and get some rest. 일 그만하고 좀 쉬어.

TIP get some rest가 맞는 표현입니다. take a rest는 틀린 표현이니 주의하세요.

✱ 핵심표현

stop (~ing) 그만 (~ing)하다, (~ing)하는 걸 멈추다
→ don't'와는 달리 stop은 시작 자체를 하지 않는 것이 아니라 하던 걸 멈춘다는 말입니다.

- 예) Stop whining. 그만 징징대.
- 예) Stop lying. 그만 거짓말해.

✱ 골라 쓰기 좋은 어휘들 ✱

running around 뛰어다니는 것	**complaining** 불평하는 것
eating 먹는 것	**crying** 우는 것
teasing me 날 놀리는 것	**nagging me** 내게 잔소리하는 것

✱ 핵심표현 응용해보기

1. 그만 뛰어다녀!
→ Stop _____!

2. 내 케이크 그만 먹어!
→ Stop _____!

3. 내 아기는 우는 걸 멈췄어.
→ My baby _____.

4. 내 차에서 그만 노래해!
→ _____!

🟢 마유 SAYS

밤을 새운다는 표현 중 가장 무난한 것은 본문의 stay up all night입니다. 그 외에 캐주얼하게 자주 쓰는 표현으로는 pull an all-nighter가 있어요.

정답 | 1. running around 2. eating my cake 3. stopped crying 4. Stop singing in my car

UNIT 15 휴가가 다가오는구나

2022 상편 Day 079 | 1691회

문장별 꿀팁

A Are you going to take a vacation soon? 곧 휴가 낼 거야?
TIP take a vacation은 휴가를 낸다는 동작을 강조하는 덩어리 동사입니다.

B Yeah. I'm going to take a week off. 응. 한 주 뺄 거야.
TIP take off 사이에 기간을 넣으면 그만큼을 회사나 학교에서 뺀다는 말입니다.

A Are you going anywhere? 어디라도 가?
TIP anywhere/somewhere는 앞에 to를 넣지 않고도 '~로'라는 의미를 담게 됩니다.

B We might go to Busan. 부산 갈지도 몰라.
TIP might는 '~할지도 몰라'라는 약한 추측이나 약한 확신을 의미합니다.

* 핵심표현

be (~ing) (~ing)해 *확정된 미래 사실 전달
→ 'be (~ing)'는 진행형 외에 확정된 미래 사실을 전달하는 시제도 됩니다.
  예 I'm leaving tomorrow. (나 내일 떠나. → 떠나려는 의지가 아닌 단순히 사실만 전달)

예 Are you going home soon? 너 곧 집에 가?

예 Is she coming back tomorrow? 그녀가 내일 돌아와?

* 골라 쓰기 좋은 어휘들 *

leaving 떠나   going to Jejudo 제주도에 가
going to work 출근해   arriving 도착해
moving out 이사 나가   retiring 은퇴해
becoming a mom 엄마가 돼

* 핵심표현 응용해보기

1. 나 다음 주에 떠나.

→ I am _____.

2. 우리 내일 제주도에 가.

→ We are _____.

3. 그 열차가 곧 도착해.

→ The train _____.

4. 너 곧 이사 나가?

→ _____?

🔵 마유 SAYS

진행형과의 혼돈을 막기 위해 'be (~ing)'를 확정된 미래로 쓸 때는 미래를 나타내는 표현과 함께 쓰는 것이 좋습니다. 예 tomorrow, next Friday, in May 등

정답 | **1.** leaving next week **2.** going to Jejudo tomorrow **3.** is arriving soon **4.** Are you moving out soon

UNIT 16 자면서 통근하고 싶어

2022 상편 Day 129 | 1741회

A How do you commute to work? 자네는 어떻게 통근해?
TIP commute 뒤에 to school을 넣으면 '통학하다'가 됩니다.

B I take either a bus or a train. 버스를 타거나 기차를 타.
TIP take는 교통수단을 이용한다는 의미입니다.

B You always drive to work, right? 자네는 항상 운전해서 출근하지?
TIP 걸어서 출근한다면 walk to work를 쓰세요.

A Right. Commuting is really painful. 맞아. 통근하는 건 정말 고통스러워.
TIP 고통스럽게 하는 건 painful, 고통을 느끼는 사람은 in pain을 쓰세요.

✱ 핵심표현

How do you (동사원형)? 너 어떻게 (동사원형)해?

→ How로 시작하면 방법을 물어보는 것이며, you는 상대방일 수도, 불특정 다수일 수도 있습니다.

- 예) How do you study? 너 어떻게 공부해?
- 예) How do you memorize words? 너 단어 어떻게 외워?

> ✱ 골라 쓰기 좋은 어휘들
>
> study English 영어를 공부하다   eat your ice cream 너의 아이스크림을 먹다
> spell your name 네 이름의 철자를 쓰다   open this 이걸 열다
> go home 집에 가다

✱ 핵심표현 응용해보기

1. 너 어떻게 영어를 공부해?

   → How do you _____?

2. 너 어떻게 라면 요리해?

   → How do _____?

3. 너 어떻게 내 이름을 알아?

   → How _____?

4. 너 어떻게 그 답을 알아?

   → _____?

🟢 마유 SAYS

뭔가를 타고 간다고 할 땐 by를 활용해서 by bus, by train, by car, by taxi처럼 쓰면 됩니다.
- 예) I came here by train. 나 여기 기차 타고 왔어.

정답 | 1. study English 2. you cook ramyun 3. do you know my name 4. How do you know the answer

UNIT 17
CHAPTER 3
새로 온 인턴사원은 내 후배

2021 하편 Day 054 | 1536회

문장별 꿀팁

A Is that a new intern? 저 사람이 새로 온 인턴사원이야?
TIP 성별에 상관없이 누군가를 가리키며 말할 땐 she/he가 아닌 that이 좋습니다.

B Yeah, I heard she is really smart. 어, 그녀가 진짜 똑똑하다고 들었어.
TIP 들은 것에 대해 말할 때는 I heard 뒤에 평서문을 넣어 주세요.

B I think she goes to Mayu University. 그녀는 마유대학에 다니는 거 같아.
TIP go to는 '물리적으로 가다'라는 뜻도 되고 '(학교에) 다니다'라는 뜻도 됩니다.

A What? I went to the same school! 뭐? 나도 같은 학교 다녔는데!
TIP go 뒤에 home/here/there/downtown 같은 부사가 나오면 to는 필요 없어요.

* 핵심표현

the same (명사) 똑같은 (명사)

→ same 앞에는 강조를 위해 the를 넣으세요. '~과 같다'라고 할 땐 as (something)을 추가하세요.

- I have the same name. 나도 똑같은 이름을 가졌어.
- We went to the same college. 우린 같은 대학에 다녔어.

* 골라 쓰기 좋은 어휘들 *

color 색	last name 성	neighborhood 이웃 동네	watch 시계
clothes 옷	high school 고등학교	problem 문제	class 수업

* 핵심표현 응용해보기

1. 그것들은 같은 색이야.

→ They are the _____.

2. 그들은 같은 성을 공유해.

→ They share _____.

3. 우린 같은 이웃 동네에 살아.

→ We live _____.

4. 난 네 것과 같은 시계를 가지고 있어.

→ _____.

🟠 마유 SAYS

미국에서 학연은 의미 없고 오직 실력만이 중요하다는 건 사실 거짓입니다. 그쪽도 인맥을 굉장히 중요시한답니다. 심지어 It's not what you know but who you know.(능력보단 인맥)이란 말이 있을 정도이니까요.

정답 | 1. same color 2. the same last name 3. in the same neighborhood 4. I have the same watch as yours

UNIT 18 복장 규율이 다른 직장

2021 하편 Day 129 | 1611회

CHAPTER 3

A **Do you wear a suit at work?** 직장에서 정장 입어?

TIP suit(정장)은 '슈트'가 아니라 '숱'에 가깝게 발음하세요.

B **No, I can wear casual clothes.** 아니, 캐주얼한 옷 입어도 돼.

TIP clothes는 close처럼 '클로우즈'에 가깝게 발음하세요.

B **How about you?** 너희는 어때?

TIP What about you?라고 하면 '넌 어쩌고?'라는 뜻이 될 수도 있습니다.

A **We have to wear a uniform to work.** 우린 회사에 유니폼 입고 가야 해.

TIP '어딘가에 뭔가를 입고 가다'라고 할 땐 wear (something) to (somewhere)의 형식으로 쓰세요.

＊ 핵심표현

How about (목적어)? (목적어)는 어때/어떨까?
→ 뭔가를 추천하거나 남의 상황을 물어볼 때 씁니다. 예 금요일은 어때?/넌 요즘 어떠니?

- How about you, buddy? 넌 어때, 친구?
- How about her? 그녀는 어때?

> **＊ 골라 쓰기 좋은 어휘들 ＊**
>
> next Wednesday 다음 주 수요일   me 나
> my cousin 내 사촌   you guys 너희들
> his office 그의 사무실   San Diego Zoo 샌디에이고 동물원
> tonight 오늘 밤

＊ 핵심표현 응용해보기

1. 월요일은 어때?

→ How about _____?

2. 너희들은 어때?

→ How _____?

3. 내일은 어때?

→ How _____?

4. 내 친구 마유는 어때?

→ _____?

🟢 마유 SAYS

복장 규율은 영어로 dress code라고 하는데, 특히 직장 내 복장 규율은 dress code at work 라고 합니다. 참고로, 행동 수칙은 code of conduct라고 해요.

정답 | 1. Monday 2. about you guys 3. about tomorrow 4. How about my friend Mayu

UNIT 19 고장 난 복사기

2021 상편 Day 064 | 1416회

문장별 꿀팁

A **I think the copy machine is broken.** 복사기가 고장 난 거 같아요.

TIP copy machine(복사기)은 copier라고도 합니다.

B **Oh, no. I have to make a copy.** 오, 이런. 복사해야 하는데.

TIP make a copy는 '복사하다'라는 덩어리 동사입니다.

A **I'll call the help desk.** 제가 업무 지원팀에 전화할게요.

TIP help desk는 보통 기기나 IT 관련 지원을 하는 부서를 말합니다.

B **Thanks. I appreciate it.** 고마워요.

TIP 고맙다고 할 때 Thanks. / Thank you. 뒤에 I appreciate it.을 함께 쓰면 아주 공손한 표현이 됩니다.

✱ 핵심표현

will (동사원형) (동사원형)할게/할래

→ will은 미래 시제라기보다는 '순간적인 의지'를 나타내는 표현입니다.

- I will text you. 너한테 문자 할게.
- I will be a model. 난 모델이 될래.

✱ 골라 쓰기 좋은 어휘들 ✱

go home 집에 가다
ask my mom 우리 엄마에게 여쭤보다
be a doctor 의사가 되다

be back soon 곧 돌아오다
do that right now 그걸 바로 하다

✱ 핵심표현 응용해보기

1. 내가 너한테 나중에 전화할게.

→ I will call _____.

2. 난 승무원이 될래.

→ I will _____.

3. 나 집에 갈래.

→ I _____.

4. 우리 아빠한테 여쭤볼게.

→ _____.

🟦 마유 SAYS

뭔가를 복사한다고 할 때 make a copy를 쓰지 않고 단순히 copy를 동사로 쓰면 뭔가를 베낀다는 느낌이 될 수 있어 추천하지 않습니다. '~을 복사하다'라고 할 때는 make a copy of (something)의 형식으로 쓰세요.

정답 | **1.** you later **2.** be[become] a flight attendant **3.** will go home **4.** I will ask my dad

UNIT 20 사장님의 메시지

문장별 꿀팁

A A lady left a message for you. 어떤 여자분이 부장님께 메시지를 남겼는데요.

TIP 일반적 사실을 설명하는 게 아닌 이상, 여자를 woman으로 쓰는 것보다 lady로 쓰는 게 훨씬 안전해요.

B What's her name? 그녀의 이름이 어떻게 되죠?

TIP her name(단수) 말고 their names(복수)를 쓰려면, 앞에도 What's가 아닌 What are를 쓰세요.

A She said her name was Eunice Kim.

자기 이름이 Eunice Kim이라던데요.

TIP 앞에 said(과거형)를 썼기 때문에 뒤에도 was로 매칭합니다. *예외도 있음

B Holy smokes! She's our CEO. 맙소사! 우리 사장님이에요!

TIP Holy smokes!는 Holy moly!처럼 캐주얼한 놀람의 감탄사입니다.

* 핵심표현

leave a message for (목적어) (목적어)에게 메시지를 남기다
→ 메시지를 남기는 게 아니라 받는다고 할 땐 leave가 아닌 take를 쓰세요.

예) A gentleman **left a message for you**. 어떤 신사분이 당신에게 메시지를 남겼어요.
예) Would you like to **leave a message for her**? 그녀에게 메시지 남기고 싶으신가요?

* 골라 쓰기 좋은 어휘들 *

you 당신
Mr. Johnson Johnson 씨
your wife 당신의 아내
Mrs. Smith Smith 부인
Dr. Morris Morris 선생님
her 그녀

* 핵심표현 응용해보기

1. 누군가가 너에게 메시지를 남겼어.
→ Someone left a _____.

2. 네 남편이 너에게 메시지를 남겼어.
→ Your husband _____.

3. 그에게 메시지를 남기고 싶으신가요?
→ Would you like to _____?

4. Smith 부인께 메시지 남겨도 될까요?
→ _____?

🅳 마유 SAYS

누군가를 '통해' 메시지를 남긴다고 할 땐 for가 아니라 with를 쓰세요.
예) Just leave a message **with** my secretary. (→ 비서를 통해 남기라는 말)

정답 | 1. message for you 2. left a message for you 3. leave message for him 4. Can I leave a message for Mrs. Smith

QUIZ

1 '비행기 승무원'을 나타내는 단어가 <u>아닌</u> 것은?

  ⓐ steward
  ⓑ stewardess
  ⓒ flight attendant
  ⓓ flight assistant

2 '누군가를 살살 대한다'라는 표현으로 맞는 것은?

  ⓐ go nice to someone
  ⓑ go easy to someone
  ⓒ go easy on someone
  ⓓ go kind on someone

3 '유턴을 한다'라는 표현으로 맞는 것은?

  ⓐ turn U
  ⓑ steer a U-turn
  ⓒ drive a U-turn
  ⓓ make a U-turn

4 상대방의 키를 물어볼 때 맞는 문장은?

  ⓐ How tall are you?
  ⓑ How are you tall?
  ⓒ How is your tall?
  ⓓ How you are tall?

5 '여태껏' 최고임을 표현하기 위해 문장 맨 뒤에 넣는 것은?

  ⓐ until ⓑ until now ⓒ today ⓓ ever

TIP

1. 'steward(남자 승무원)', 'stewardess(여자 승무원)', 성별 구분 없는 'flight attendant'가 있습니다.
2. 반대로 '누군가를 거칠게 대한다'라고 할 때는 'go hard on someone'이 있죠.
3. 회화체에서는 종종 'do a U-turn'을 쓰기도 합니다.
4. 'What's your height?'이라고 물어볼 수도 있지만, 굉장히 딱딱한 어투가 됩니다.
5. 최상급 형용사가 들어간 문장 맨 뒤에 'ever'를 넣어 '여태껏'이란 느낌을 강조합니다.

CHAPTER 3

6 '1+1 상품'을 영어로 바르게 표현한 것은?

ⓐ one-plus-one item   ⓑ buy-one-plus-free item
ⓒ buy-one-get-one-free item   ⓓ one-and-one item

7 방문의 용건을 알리는 패턴은?

ⓐ I'm calling to   ⓑ I'm writing to
ⓒ I'm coming to   ⓓ I'm here to

8 '(하던 행동을) 멈춘다'라는 패턴은?

ⓐ stop (~ing)   ⓑ stop to (~ing)
ⓒ don't (~ing)   ⓓ stop for (~ing)

9 '통학하다' 혹은 '통근하다'라는 동사로 맞는 것은?

ⓐ communicate   ⓑ commute
ⓒ communication   ⓓ commit

10 다음 중 순간적인 의지를 강조하는 단어는?

ⓐ be going to   ⓑ might   ⓒ will   ⓓ be able to

TIP

6 참고로, '2+1 상품'은 'buy-two-get-one-free item'입니다.

7 'I came here to'라고 문장을 시작해도 의미는 같아요.

8 'stop to (동사원형)'이란 패턴도 있는데, 그것은 '그 (동사원형)을 하기 위해 하고 있던 다른 걸 멈추는 것'입니다.

9 통근 목적의 기차/버스/배는 'commuter train/bus/ferry'란 단어를 씁니다.

10 'be going to'는 계획해 놓은 걸 실행할 것이란 의미입니다. 주의하세요.

정답 | 1.ⓓ 2.ⓒ 3.ⓓ 4.ⓐ 5.ⓓ 6.ⓒ 7.ⓓ 8.ⓐ 9.ⓑ 10.ⓒ

미유's Pick 사용빈도 1억 단어

- ☐ **think** 생각하다
    - 예 I think so, too. 나도 그렇게 생각해.
    - 예 What do you think? 넌 어떻게 생각해?

- ☐ **lucky** 운 좋은
    - 예 You are so lucky today! 너 오늘 운 엄청 좋다!
    - 예 What a lucky man! 엄청 운 좋은 남자구먼!

- ☐ **comfortable** 편안한, 편한
    - 예 This bed is comfortable. 이 침대는 편안해.
    - 예 I feel comfortable here. 난 여기가 편해.

- ☐ **together** 함께
    - 예 Let's go together. 함께 가자.
    - 예 We studied English together. 우린 같이 영어를 공부했어.

- ☐ **open** 열다; 열린
    - 예 Open the window. 창문 열어.
    - 예 The store is open. 가게는 열려 있어.

- ☐ **remember** 기억하다
    - 예 Remember my birthday. 내 생일을 기억해.
    - 예 I remember her face. 난 그녀의 얼굴이 기억나.

- ☐ **water** 물
    - 예 I need some water. 난 물이 좀 필요해. (→ 물 좀 줘.)
    - 예 Drink more water. 물을 더 마셔.

- ☐ **dinner** 저녁 (식사)
    - 예 Dinner is ready. 저녁 준비됐어.
    - 예 We had dinner at 6. 우리 6시에 저녁 먹었어.

☐ **slowly** 천천히
- Speak slowly. 천천히 말해.
- He walked slowly. 그는 천천히 걸었어.

☐ **pay** 지불하다, 돈을 내다
- I paid for lunch. 내가 점심값을 냈어.
- Can you pay this time? 이번엔 네가 낼 수 있어?

☐ **worry** 걱정하다
- Don't worry about us. 우리 걱정은 하지 마.
- I always worry too much. 난 항상 너무 걱정해.

☐ **happen** 일어나다, 벌어지다
- What happened to you? 너 무슨 일이야?
- The accident happened yesterday. 그 사고는 어제 벌어졌어.

☐ **start** 시작하다
- Let's start now. 지금 시작하자.
- The class starts at 9. 수업은 9시에 시작해.

☐ **late** 늦은; 늦게
- I am sorry I am late. 늦어서 미안해.
- Don't be late again. 다신 늦지 마.

☐ **carry** 들고 가다, 나르다
- Can you carry this? 이거 좀 들고 가 줄 수 있어?
- I carried the box for her. 그녀를 위해 내가 상자를 날랐어.

☐ **important** 중요한
- This is an important matter. 이건 중요한 일이야.
- What's more important to you? 너에겐 뭐가 더 중요하니?

마유's Pick 사용빈도 1억 표현

- [ ] **Tell me about it.** 말도 마라.
- [ ] **Finders, keepers.** 찾는 사람이 임자야.
- [ ] **I'm worn out.** 나 지쳤어.
- [ ] **Don't mention it.** 천만에요.
- [ ] **I didn't mean it.** 진심이 아니었어.
- [ ] **Let's grab a bite to eat.** 뭐 좀 먹자.
- [ ] **I owe you one.** 신세 졌어.
- [ ] **Just in case.** 혹시 모르니까.
- [ ] **How come?** 어째서?
- [ ] **Are you serious?** 진심이야?
- [ ] **No way!** 말도 안 돼!
- [ ] **Take it easy.** 진정해.
- [ ] **I didn't catch that.** 잘 못 들었어요.
- [ ] **What are you up to?** 뭐 하고 지내?
- [ ] **I can't wait.** 너무 기대돼.
- [ ] **I'm with you.** 나도 동의해.
- [ ] **I hear you.** 공감해.
- [ ] **It's not worth it.** 그럴 가치 없어.
- [ ] **Don't take it personally.** 개인적으로 받아들이지 마.
- [ ] **You made my day.** 네 덕분에 하루 기분이 다 좋아졌어.

> 영어 작심삼일의 결정적인 이유 중 하나는 바로 '경쟁심 결여'입니다.
> "내 영어만 늘면 됐지 뭔 놈의 경쟁심?"
> 안타깝게도 경쟁심이 결여되면, 더 잘해야 한다는 자극을 더 이상 느끼지 않기 때문에 성장 속도가 현저히 느려집니다.
> 이는 비디오 게임에서도 쉽게 느낄 수 있습니다.
> 혼자 하는 게임(single-player games)은 해당 스테이지의 미션을 마치는 게 목표이지만, 경쟁자가 없기에 게임이 길어질수록 지루해지고, 머지않아 게임을 내려놓게 됩니다.
> 반면, 여럿이 하는 게임(multiplayer games)은 남보다 더 높이 올라가기 위해 끊임없는 레벨업을 시도하게 됩니다.
> (그 많은 게임 회사가 계속해서 경쟁 모드를 개발하는 건 어찌 보면 당연한 일입니다.)

카카오톡 오픈채팅

- 카카오톡 오픈채팅에서 '마스터유진 라운지' 검색 (패스워드: peter)
- 라이브 방송이나 특강 등 각종 이벤트 공지
- 팝업 퀴즈 및 마유와의 깜짝 소통
- 링크를 타고 <EBS 왕초보영어> 카톡 스터디 참여 가능

소셜 미디어

- YouTube: 라이브 방송, 영어 팁 등 (검색: 마스터유진)
- Instagram: 마스터유진의 일상 (검색: 마스터유진)

> 우리는 20 에피소드 후에 '경쟁 모드'로 다시 만나겠습니다.
>
> Yours,
> MAYU (Master Eugene)

CHAPTER 04

- 01 차일 만했네
- 02 사과를 하려면 제대로 하라고
- 03 이런 분이 모태솔로라니
- 04 꽤 괜찮은 친구 마유
- 05 진작에 말을 해 주지 그랬어
- 06 자기 약간 의심스럽다
- 07 얘기가 좀 길어
- 08 마유를 위한 최고의 선물
- 09 진정한 친구는 바로 이런 거야
- 10 악플이 항상 나쁜 건 아니야
- 11 사랑에 빠진 내 친구
- 12 자기…변했다
- 13 어르신을 공경하는 어린이가 되자
- 14 양해를 구하는 이웃
- 15 이 친구 참 이기적일세
- 16 양치기 소년이 되어 버린 나
- 17 우연히 마주친 그대
- 18 비가 오면 로맨스
- 19 사랑스러운 며느리
- 20 중매의 달인

UNIT 01 차일 만했네

A Why did you dump your boyfriend? 왜 남자 친구를 차 버린 거야?
TIP 발로 차는 건 kick이지만 관계에서 차 버리는 건 dump입니다.

B He called me by someone else's name.
걔가 다른 사람 이름으로 날 불렀어.
TIP 다른 이름이나 별칭으로 부른다고 할 땐 'call A by B'를 쓰세요.

A Maybe it was a mistake. 실수였는지도 모르지.
TIP mistake(실수)와 fault(잘못)를 헷갈리지 마세요.

B Well, it was his ex's name. 뭐, 자기 전 여자 친구 이름이었다는 거.
TIP ex를 명사로 쓰면 '전 애인'이라는 뜻입니다.

* 핵심표현

Maybe (평서문). (평서문)인지도 모르지.
→ maybe(어쩌면)는 probably(아마도)보다 확신이 조금 떨어지는 느낌을 줍니다.

- Maybe she likes him. 그녀가 그를 좋아하는지도 모르지.
- Maybe it's your destiny. 그게 네 운명인지도 모르지.

> *골라 쓰기 좋은 어휘들*
>
> it was a dream 그게 꿈이었다
> it's true 그게 진실이다
> they don't know him 그들이 그를 모른다
>
> he likes you 그가 널 좋아한다
> she is lying 그녀가 거짓말하고 있다

* 핵심표현 응용해보기

1. 마유가 널 좋아하는지도 모르지.

→ Maybe Mayu _____.

2. 그게 진실이 아닐지도 모르지.

→ Maybe it's _____.

3. 네 남동생이 거짓말하고 있는지도 모르지.

→ Maybe _____.

4. 그녀가 날 싫어하는 걸지도 모르지.

→ _____.

🅔 마유 SAYS

헤어진다는 표현은 break up with (someone) / split up with (someone) / break it off with (someone)이 대표적입니다. 그중 가장 무난한 건 break up이고 split up은 매우 진지한 관계에서 써요.

정답 | 1. likes you 2. not true 3. your brother is lying 4. Maybe she hates me

UNIT 02 사과를 하려면 제대로 하라고

2024 하편 Day 099 | 2361회

문장별 꿀팁

A Are you still angry with me? 너 아직도 나한테 화났어?

TIP angry with 대신 mad at을 써도 좋습니다.

B Kind of. You didn't apologize to me properly.
약간. 나한테 제대로 사과 안 했잖아.

TIP properly(제대로)보다 캐주얼한 표현은 right입니다.

A I'm sorry, dude. I was really selfish.
미안해, 친구. 내가 정말 이기적이었어.

TIP selfish(이기적인)의 반대는 selfless(이타적인)입니다.

B Apology accepted. We're good now. 사과 받아들일게. 이제 화해한 거다.

TIP Apology accepted.는 사과를 받아들이겠다는 관용적 표현입니다.

✱ 핵심표현

apologize + to (목적어) (목적어)에게 사과하다
→ 무엇에 대해 사과하는지 쓰려면 'for (something)'을 쓰세요.
  예) I apologize for the inconvenience. 불편에 대해 사과드려요.

예) Apologize to my parents. 저희 부모님께 사과하세요.

예) I already apologized to Peter. 나 벌써 Peter한테 사과했어.

✱ 골라 쓰기 좋은 어휘들 ✱

us 우리
my parents 내 부모님
you guys 여러분, 너희들
her 그녀
everyone 모두
my daughter 내 딸
our customers 우리의 고객들

✱ 핵심표현 응용해보기

1. 저희에게 사과하세요.

  → Apologize to _____.

2. 내 아내한테 사과해.

  → Apologize _____.

3. 나 벌써 내 친구한테 사과했어.

  → I already _____.

4. 여러분께 사과드리고 싶습니다.

  → _____.

🟢 마유 SAYS

apologize의 명사인 apology(사과)를 응용한 I owe you an apology.(너한테 사과해야겠어.)라는 표현을 알아 두세요. 사과를 '빚지고 있다(owe)'를 의역한 표현입니다.

정답 | 1. us 2. to my wife 3. apologized to my friend 4. I would like to apologize to you guys

UNIT 03 이런 분이 모태솔로라니

2024 하편 Day 119 | 2381회

A I'm sure you have a boyfriend, right? 분명 남자 친구가 있으시겠죠?
TIP 평서문 뒤에 '~, right?'를 넣으면 본인의 말을 확인하는 느낌을 줍니다.

B No, I wish I had one. 아뇨, 있으면 좋겠네요.
TIP 여기서 one은 앞서 언급된 a boyfriend를 받습니다.

B Actually, I've never been in a relationship. 사실, 저 모태솔로예요.
TIP in a relationship이란 말은 '연애 중'이라는 덩어리 표현입니다.

A No way! I don't believe you. 말도 안 돼! 못 믿겠어요.
TIP believe 뒤에 바로 사람이 오면, 그 사람의 '말'을 믿는다는 말입니다.

✱ 핵심표현

I wish + (평서문 과거). (평서문 과거)이면 좋을 텐데/좋겠네.

→ 이미 사실이 아니거나, 현실적으로 거의 불가능한 일에 대한 '아쉬움'을 표현하는 것입니다.

- I wish I had $1 million. 내가 백만 달러가 있으면 좋겠다.
- I wish we were friends. 우리가 친구라면 좋을 텐데.

✱ 골라 쓰기 좋은 어휘들 ✱

you could come 네가 올 수 있다면
I were rich 내가 부자라면
I could help you 내가 널 도와줄 수 있다면
I were you 내가 너라면
I had a lot of money 내가 돈이 많다면

✱ 핵심표현 응용해보기

1. 내가 널 도울 수 있다면 좋을 텐데.

→ I wish I could _____.

2. 내가 새라면 좋을 텐데.

→ I wish I _____.

3. 우리가 더 많은 돈이 있다면 좋을 텐데.

→ I wish _____.

4. 네가 내 남자 친구라면 좋을 텐데.

→ _____.

🔲 마유 SAYS

I wish 뒤에 오는 평서문에 be동사를 써야 한다면, 주어에 상관없이 무조건 were로 고정하는 게 문법적으로는 맞지만, 회화체에서는 was를 쓰는 경우도 허다합니다.

정답 | 1. help you 2. were a bird 3. we had more money 4. I wish you were my boyfriend

UNIT 04 CHAPTER 4 — 꽤 괜찮은 친구 마유

2024 상편 Day 014 | 2146회

A Other than me, who is your best friend? 나 외에 누가 네 베프야?
TIP other than ~은 '~ 외에, ~ 말고'라는 덩어리 표현입니다.

B Of course, it's hands down Mayu. 물론, 생각할 필요도 없이 마유지.
TIP hands down은 '생각할 필요도 없이, 아주 쉽게'라는 의미입니다.

B We have been friends for years. 우리 수년간 친구로 지내 왔어.
TIP 3 years, 5 years처럼 숫자를 넣지 않고 years만 쓰면, '수년'이라는 말이 됩니다.

A I like him, too. He's kind of funny. 나도 걔 마음에 들어. 걔 좀 웃기잖아.
TIP funny(웃긴)와 fun(재미있는)을 혼동하지 마세요.

✱ 핵심표현

kind of 좀, 약간
→ 정확하진 않지만 '대략 그렇다'라는 말입니다. 비슷하게는 sort of가 있어요.

- 예 You are kind of cute. 너 좀 귀엽다.
- 예 It was kind of boring. 그건 약간 지루했어.

✱ 골라 쓰기 좋은 어휘들 ✱

hungry 배고픈	upset 기분 상한	far 거리가 먼	spicy 매운
late 늦은	expensive 비싼	weird 이상한	like 좋아하다

✱ 핵심표현 응용해보기

1. 나 약간 배고파.

　→ I am kind of _____.

2. 우리 약간 늦었어.

　→ We are _____.

3. 이거 약간 매워.

　→ This is _____.

4. 난 약간 마유를 좋아해.

　→ _____.

🟰 마유 SAYS

원어민들이 툭하면 쓰는 kind of, like는 사실 좋은 습관은 아닙니다. 적당한 말이 떠오르지 않을 때 쓰기 때문이죠. 그러니 너무 자주 쓰지는 마세요. 말주변이 없어 보일 수 있습니다.

정답 | **1.** hungry **2.** kind of late **3.** kind of spicy **4.** I kind of like Mayu

UNIT 05 진작에 말을 해 주지 그랬어

CHAPTER 4

2024 상편 Day 069 | 2201회

❶ Are you seeing anyone right now?
❷ Why do you ask me that?
❸ I want to get back with you. I need you.
❹ It's too late. I have a new boyfriend.

문장별 꿀팁

A Are you seeing anyone right now? 지금 만나는 사람 누구라도 있어?
TIP seeing 한다는 말은 '서로 알아가는 단계에 있다'라는 말입니다.

B Why do you ask me that? 그걸 왜 물어봐?
TIP ask to라고 쓰지 않도록 유의하세요. 예) ask to him (X) → ask him (O)

A I want to get back with you. I need you.
너랑 재회하고 싶어서. 네가 필요하다고.
TIP want to 대신 would like to를 쓰면 더 예의를 갖춘 느낌입니다.

B It's too late. I have a new boyfriend. 너무 늦었어. 새 남자 친구 생겼어.
TIP 시기를 표현할 땐 주어를 it으로 쓰세요.

✱ 핵심표현

get back + with (목적어) (목적어)와 재회하다
→ 단순히 어디로 돌아간다고 할 땐 with 대신 to를 쓰세요. 예 Get back to work.

예 Get back with Annie. Annie랑 재회해.
예 She got back with her ex. 걔는 전 애인이랑 재회했어.

✱ 골라 쓰기 좋은 어휘들 ✱

| her 그녀 | my ex 내 전 애인 | my ex-boyfriend 내 전 남자 친구 |
| his ex-wife 그의 전 아내 | each other 서로 | Mike Mike(사람 이름) |

✱ 핵심표현 응용해보기

1. 그녀와 재회해.

→ Get back with _____.

2. 난 내 전 애인과 재회했어.

→ I got back _____.

3. Jane은 Mike와 재회했어.

→ Jane _____.

4. 난 그와 재회하고 싶어.

→ _____.

🟢 마유 SAYS

get back은 사실 연인 관계에만 사용하고 가족, 친구 등에게는 거의 쓰지 않아요. 비슷한 표현으로 reunite with라는 말이 있는데, 좀 딱딱한 격식 표현이지만 제한 없이 모든 대상에 사용 가능하다는 장점이 있습니다.

정답 | **1.** her **2.** with my ex **3.** got back with Mike **4.** I want to get back with him

UNIT 06 자기 약간 의심스럽다

A I like your new hairstyle, Jenny. 헤어스타일 마음에 든다, Jenny야.
TIP hairstyle을 hair style로 써도 틀리진 않지만 구식입니다.

B Stop calling me Jenny. I'm Jenna! Jenny라고 그만 불러. 난 Jenna라고!
TIP A를 B라고 부른다고 할 땐 전치사를 쓰지 마세요. 'call A B'가 맞습니다.

B You always confuse my name with hers!
자긴 항상 내 이름을 걔 이름이랑 헷갈리더라!
TIP 여기서 hers는 her name입니다.

A I'm so sorry, Jenny. I mean... Jenna!
정말 미안해. Jenny야. 아니… Jenna야!
TIP I mean(내 말은) 뒤에는 평서문을 써도 됩니다. 예 I mean... you like her.

✱ 핵심표현

confuse A + with B A를 B와 혼동하다/헷갈리다
→ confuse는 원래 헷갈리게 만든다는 뜻이지만, 이 표현에서는 '헷갈려하다'라는 뜻이 됩니다.

- I confused his name with my ex's. 난 그의 이름을 내 전 애인 이름과 헷갈렸어.
- She confused it with her new address. 그녀는 그걸 새 주소와 헷갈렸어.

> ✱ 골라 쓰기 좋은 어휘들 ✱
>
> **my name** 내 이름　　**someone else's** 다른 사람의 것　　**the color** 그 색
> **mine** 내 것　　　　　**his twin** 그의 쌍둥이　　　　　　**hers** 그녀의 것
> **another word** 다른 단어

✱ 핵심표현 응용해보기

1. 난 그녀의 이름을 다른 사람의 것과 헷갈렸어.

→ I confused her name with _____.

2. 내 이름을 그녀의 것과 헷갈리지 마.

→ Don't confuse my name _____.

3. 난 그를 그의 쌍둥이와 헷갈렸어.

→ I confused _____.

4. 난 그걸 다른 단어와 헷갈렸어.

→ _____.

🅔 마유 SAYS

오늘의 표현과 상관없이, 남을 혼란스럽고 헷갈리게 하는 것은 confusing이라고 하고, 내가 혼란스럽거나 헷갈린다면 confused라고 합니다.

- The question is confusing. So, I'm confused.

정답 | **1.** someone else's **2.** with hers **3.** him with his twin **4.** I confused it with another word

UNIT 07 얘기가 좀 길어

CHAPTER 4

2023 하편 Day 004 | 2006회

A How's everything with you and Emily? 너랑 Emily 사이는 좀 어때?
TIP How는 '방법'을 물어보기도 하지만 '상태'를 물어볼 때 쓰기도 합니다.

B Not that great. We fight every day. 그렇게 좋진 않아. 우리 매일 싸워.
TIP '매일매일'이란 뜻의 부사는 everyday가 아니라 every day입니다.

A Aren't you guys getting married soon? 너희 곧 결혼하지 않아?
TIP get married는 '결혼하다'라는 덩어리 동사입니다.

B It's a long story. I'll tell you later. 얘기가 길어. 나중에 말해 줄게.
TIP It's a long story.(얘기가 길어.)는 고정된 표현이므로 그대로 사용하세요.

✱ 핵심표현

not that (형용사) 그렇게 (형용사)하진 않은

→ 뭔가의 상태가 방금 언급한 정도까지는 아니라는 말입니다.

- She is not that short. 그녀는 그렇게 키가 작지는 않아.
- I am not that interested. 나 그렇게 관심 있지는 않아.

✱ 골라 쓰기 좋은 어휘들 ✱

tall 키가 큰	**bored** 지루한	**hard** 힘든	**cheap** 저렴한
sleepy 졸린	**long** 긴	**worried** 걱정하는	**nervous** 긴장한
bad 안 좋은	**tired** 피곤한		

✱ 핵심표현 응용해보기

1. 나 그렇게 졸리진 않아.

→ I am not that _____.

2. 그녀는 그렇게 긴장하진 않았어.

→ She is not _____.

3. 우린 그렇게 친하진 않아.

→ We are _____.

4. 이 자동차는 그렇게 비싸진 않아.

→ _____.

🗨 마유 SAYS

사람에 따라 다르지만, 많은 미국인들은 연애에 관해서는 굉장히 자유롭지만, 결혼에 관해서는 굉장히 신중합니다. 엄청난 commitment(약속, 헌신)의 개념으로 보기 때문입니다.

정답 | 1. sleepy 2. that nervous 3. not that close 4. This car is not that expensive

UNIT 08 마유를 위한 최고의 선물

2023 하편 Day 064 | 2066회

문장별 꿀팁

A Did you buy a birthday present for Mayu?
마유한테 줄 생일 선물 샀어?

TIP present 대신 gift를 써도 의미는 같아요.

B Yeah. I bought him wireless headphones. 어. 무선 헤드폰을 사 줬어.

TIP 헤드폰은 양쪽에서 소리가 나오므로 복수로 사용하세요.

B Did you get anything for him? 넌 걔 주려고 뭐라도 샀어?

TIP get은 buy만큼이나 '뭔가를 사 주다'라는 의미로 자주 사용합니다.

A I sent him a coupon for a fried chicken meal.
프라이드치킨 세트 쿠폰 보냈어.

TIP 음식 세트는 set이 아니라 meal을 사용하세요.

❋ 핵심표현

buy (목적어) + (명사) (목적어)에게 (명사)를 사 주다
→ 목적어와 명사의 순서를 바꾸어 'buy (명사) for (목적어)'로 써도 의미는 같습니다. *for 추가

- I bought Jackie a ring. 난 Jackie에게 반지를 사 줬어.
- Buy me some food. 나에게 음식을 좀 사 줘.

* 골라 쓰기 좋은 어휘들 *

a gift 선물
something special 뭔가 특별한 것
lunch 점심 식사
something nice 뭔가 좋은 것

a birthday present 생일 선물
new clothes 새 옷
a toy 장난감

❋ 핵심표현 응용해보기

1. 난 Chloe에게 선물을 사 줬어.
→ I bought Chloe _____.

2. 그녀는 내게 컴퓨터를 사 줬어.
→ She bought _____.

3. 나한테 뭔가 특별한 걸 사 줘.
→ Buy _____.

4. 난 그녀에게 점심을 사 줬어.
→ _____.

🟢 마유 SAYS

미국에선 아무리 편한 사이라도 생일에 선물만 주는 경우는 꽤 드뭅니다. 거의 대부분 카드도 써 주는데, 이때, 성취한 무언가를 축하하는 의미인 Congratulations.보다는 단순히 Happy birthday.를 쓰는 것이 자연스럽답니다.

정답 | 1. a gift 2. me a computer 3. me something special 4. I bought her lunch

UNIT 09 진정한 친구는 바로 이런 거야

문장별 꿀팁

A **I have to move out of my apartment by tomorrow.**
내일까지 아파트에서 이사 나가야 해.
TIP '이사 들어간다'라고 할 땐 move in을 쓰세요.

A **But I have no place to go...** 그런데 갈 곳이 없어…
TIP have no place는 don't have a place와 같습니다.

B **You can stay with me if you want.** 원하면 나랑 있어도 돼.
TIP if you want(원하면)를 더 격식 있게 쓰면 if you'd like가 됩니다.

B **I have a futon and a blanket.** 소파 침대랑 담요가 있어.
TIP futon은 소파에서 침대로 변환할 수 있는 가구를 말합니다.

* 핵심표현

by (시기) (시기)까지
→ until과는 달리 어떤 일을 '~까지 한 번만' 하면 된다는 말입니다.

- Send it to me by Monday. 그거 월요일까지 나한테 보내.
- Come back by 10. 10시까지 돌아와.

> *골라 쓰기 좋은 어휘들*
>
> tomorrow 내일   this weekend 이번 주말
> next week 다음 주   Tuesday 화요일
> the end of the day 오늘 끝날 때   tomorrow morning 내일 아침
> 10:30 10시 반

* 핵심표현 응용해보기

1. 7시까지 돌아와.

→ Come back _____.

2. 그걸 내일까지 나한테 보내.

→ Send it to me _____.

3. 그걸 이번 주말까지 끝내.

→ Finish it _____.

4. 저 그거 내일 아침까지 끝낼 수 있어요.

→ _____.

🔊 마유 SAYS

특히 친한 친구끼리 사전 계획 없이 갑자기 자고 간다고 할 때 쓸 수 있는 **crash**라는 슬랭도 있습니다. ⓔ Can I crash at your place tonight?

정답 | 1. by 7 2. by tomorrow 3. by this weekend 4. I can finish it by tomorrow morning

UNIT 10 악플이 항상 나쁜 건 아니야

2023 상편 Day 004 | 1876회

A I don't understand those haters! 저 악플러들이 이해가 안 돼!
TIP hater는 정당한 이유 없이 남을 미워하는 사람을 말합니다.

B Don't mind them. You can't make everyone happy.
신경 쓰지 마. 네가 모두를 만족시킬 순 없잖아.
TIP 만족한다는 형용사로 satisfied보다 happy를 더 많이 씁니다.

A Some people are just so mean! 어떤 사람들은 그냥 엄청 못됐어!
TIP mean(못된)과 bad(나쁜)는 다른 것입니다.

B At least it shows you are popular. 적어도 네가 인기 있다는 걸 보여 주네.
TIP popular(인기 있는)와 famous(유명한)도 다른 것입니다.

핵심표현

at least 적어도
→ 문장 맨 앞에 써도 좋고, 명사 앞에 넣어도 좋습니다. '아무리 많아도'는 at (the) most입니다.

- At least you have a girlfriend. 적어도 넌 여자 친구가 있잖아.
- I need at least $20. 난 적어도 20달러가 필요해.

골라 쓰기 좋은 어휘들

$100 100달러
20 percent 20퍼센트
I have a job 난 직업이 있다

30 minutes 30분
3 slices 세 조각
she has a boyfriend 그녀는 남자 친구가 있다

핵심표현 응용해보기

1. 난 적어도 100달러가 필요해.
   → I need _____.

2. 난 적어도 다섯 조각을 먹을 수 있어.
   → I can _____.

3. 적어도 난 많은 친구들이 있어.
   → At least _____.

4. 적어도 난 차가 있어.
   → _____.

마유 SAYS

소셜 미디어를 할 때 Leave a comment below.(아래 댓글 남겨 주세요.) / Let me know in the comments.(댓글로 알려 주세요.) 이 정도는 본문에 쓸 줄 알아야겠죠? 영어로만 소통하는 계정을 따로 하나 만드는 걸 추천합니다.

정답 | 1. at least $100 2. eat at least 5 slices 3. I have many friends 4. At least I have a car

UNIT 11 사랑에 빠진 내 친구

A **You've been smiling all day.** 너 하루 종일 웃고 있네.
TIP 'have been (~ing)'는 과거부터 지금까지 '계속해 오고 있음'을 어필하는 시제입니다.

B **Julian asked me out on a date.** Julian이 나한테 데이트 신청했어.
TIP ask (someone) out on a date(~에게 데이트 신청하다)에서 on a date는 생략하기도 합니다.

A **I knew he had a crush on you.** 걔가 널 짝사랑하는 걸 난 알고 있었지.
TIP 앞에 knew(과거형)이기 때문에 뒤에도 had로 시제 매칭을 해 주었습니다.

B **I should go shopping today.** 오늘 쇼핑하러 가야겠어.
TIP 'go (~ing)'는 '뭔가를 하러 가다'라는 말입니다. *특히 활동적인 것

✱ 핵심표현

have a crush + on (목적어) (목적어)를 짝사랑하다

→ 짝사랑의 대상은 a crush라고 하며, 빠져 있는 연예인은 a celebrity crush라고 합니다.

예 I have a crush on his brother. 난 그의 형을 짝사랑해.

예 She used to have a crush on me. 그녀는 날 짝사랑하곤 했어.

✱ 골라 쓰기 좋은 어휘들 ✱

you 너
our English teacher 우리 영어 선생님
on her sister 그녀의 언니

one of my friends 내 친구 중 한 명
Alisha Alisha(사람 이름)
the actor 그 배우

✱ 핵심표현 응용해보기

1. 그녀는 마유를 짝사랑해.

→ She has a crush _____.

2. 난 널 짝사랑하곤 했어.

→ I used to have a _____.

3. 난 아직도 그 배우를 짝사랑해.

→ I still _____.

4. Roy는 아직도 그의 수학 선생님을 짝사랑해.

→ _____.

🗨 마유 SAYS

남을 짝사랑한다고 할 때 be in love with (someone) (~와 사랑에 빠져 있다) / be into (someone) (~에게 빠져 있다)을 써도 좋습니다.

정답 | **1.** on Mayu **2.** crush on you **3.** have a crush on the actor **4.** Roy still has a crush on his math teacher

UNIT 12
자기… 변했다

2023 상편 Day 079 | 1951회

A How come you never text me?   어째서 나한테 절대 문자 안 보내?
TIP text는 동사로 send a text message와 같은 의미입니다.

B I can't use my phone at work. You know that.
회사에서 전화 못 써. 알잖아.
TIP can't는 능력이 없음을 표현할 수도, 허락되지 않음을 표현할 수도 있습니다.

A You know what? You have changed.   있잖아. 자기 변했어.
TIP 'have (p.p.)'는 과거에 시작된 일이 결과적으로 '현재' 어떤 상태인지를 강조합니다.

B No! I'm just busy. That's all!   아니야! 그냥 바쁜 거야. 그게 다라고!
TIP That's all.과 비슷한 표현은 That's it.이 있습니다.

✱ 핵심표현

at work 회사에(서)

→ 관사를 쓰지 않는 덩어리 표현입니다. '학교에(서)'는 at school을 쓰세요.

예 I can't wear sneakers at work. 난 회사에서 운동화 못 신어.
예 We can't run around at work. 우린 회사에서 못 뛰어다녀.

골라 쓰기 좋은 어휘들

I had lunch 나 점심 먹었어
She met him 그녀는 그를 만났어
I dozed off 난 졸았어

I was busy 난 바빴어
I left my phone 내 전화기를 두고 왔어

✱ 핵심표현 응용해보기

1. 나 회사에서 점심 먹었어.

→ I had lunch _____ .

2. 우린 회사에서 바빴어.

→ We were _____ .

3. 그녀는 그녀의 남편을 회사에서 만났어.

→ She met _____ .

4. 너 회사에 네 전화기 두고 왔어?

→ _____ ?

🟢 마유 SAYS

'회사에서'라고 할 때 많은 사람들이 at the company라고 쓰는데, 그것은 '일터에서'라는 관용적 표현이 아니라, '특정한 회사 건물에서'라는 느낌으로 건물 같은 장소만 강조할 뿐이라 어색합니다.

정답 | 1. at work 2. busy at work 3. her husband at work 4. Did you leave your phone at work

UNIT 13 어르신을 공경하는 어린이가 되자

2023 상편 Day 119 | 1991회

❶ Apologize to the lady. Go on.
❷ I'm sorry I was rude.
❸ You must respect the elderly.
❹ I will be more careful from now on.

문장별 꿀팁

A Apologize to the lady. Go on. 여자분께 사과드려. 어서.
TIP Go on.은 어서 진행하거나 계속하라는 의미입니다.

B I'm sorry I was rude. 무례하게 굴어서 죄송해요.
TIP rude는 impolite보다 훨씬 강한 단어입니다. *의도적인 무례함

A You must respect the elderly. 어르신들을 공경해야 해.
TIP elderly 같은 형용사 앞에 the를 넣으면 집합명사가 됩니다. 예 the young (젊은이들)

B I will be more careful from now on. 앞으로는 더 조심할게요.
TIP from now on을 직역하면 '지금부터 계속'이 됩니다.

✱ 핵심표현

I'm sorry (평서문). (평서문)이어서 죄송합니다.
→ 죄송한 이유를 말하는 것이니 because를 넣어야 할 것 같지만 오히려 넣는 게 더 어색합니다.

- 예 I'm sorry I was mean. 못되게 굴어 미안해.
- 예 I'm sorry I wasn't there for you. 널 위해 거기 있어 주지 못했어서 미안해.

✱ 골라 쓰기 좋은 어휘들 ✱

I am late 늦어서
I didn't wake you up 널 못 깨워서
I was worked up before 아까 흥분해서
I didn't call you 너에게 전화 안 해서
I ate your cake 네 케이크를 먹어서

✱ 핵심표현 응용해보기

1. 늦어서 죄송합니다.

   → I'm sorry I am _____ .

2. 널 못 깨워서 미안해.

   → I'm sorry I didn't _____ .

3. 널 밀어서 미안해.

   → I'm sorry _____ .

4. 내가 좋은 남편이 아니라서 미안해.

   → _____ .

🅔 마유 SAYS

미국 문화에서도 호칭만 친근하게(이름을 부르는 등) 할 뿐, 손윗사람에게 예절을 갖추는 건 결국 어느 나라나 똑같습니다. old people 대신 the elderly라는 표현이 존재하는 것은 다 이유가 있죠.

정답 | 1. late 2. wake you up 3. I pushed you 4. I'm sorry I am not a good husband

UNIT 14 | CHAPTER 4

양해를 구하는 이웃

2022 하편 Day 019 | 1761회

① Hi. I live right next door to you.
② I'm sorry my baby keeps crying.
③ Oh, that's okay. I totally understand.
④ Babies cry all the time.

문장별 꿀팁

A Hi. I live right next door to you. 안녕하세요, 바로 옆집에 사는데요.

TIP live next door to (someone)은 '~의 옆집에 살다'라는 덩어리 동사입니다.

A I'm sorry my baby keeps crying. 제 아기가 계속 울어서 죄송해요.

TIP 미안한 이유를 말할 때 because를 쓰지 않는 게 좋습니다.

B Oh, that's okay. I totally understand. 오, 괜찮아요. 완전 이해해요.

TIP totally(완전히) 대신 completely도 자주 씁니다.

B Babies cry all the time. 아기들은 늘 우는 거죠.

TIP all the time은 '늘, 매번'이라는 뜻입니다. 예 I come here all the time. 저 여기 단골이에요.

* 핵심표현

keep (~ing) 계속 (~ing)하다
→ 어떤 행동을 계속 반복적으로 한다는 패턴입니다. *keep의 과거는 kept

- **Keep moving!** 계속 움직이세요!
- **I kept falling.** 난 계속 넘어졌어.

* 골라 쓰기 좋은 어휘들 *

trying 시도하는 것   **talking** 얘기하는 것   **walking** 걷는 것
snoring 코를 고는 것   **ringing** 울리는 것   **happening** 벌어지는 것
dropping 떨어뜨리는 것

* 핵심표현 응용해보기

1. 계속 시도하세요.

→ Keep _____.

2. 계속 미소 짓자.

→ Let's _____.

3. 그녀는 계속 걸었어.

→ She _____.

4. 내 남편은 계속 코를 골았어.

→ _____.

마유 SAYS

single family house(단독 주택) 외 apartment, condominium, townhouse 등에 산다면 층간 소음에 양해를 구하는 것이 좋습니다. 예전엔 바닥에 카펫을 까는 집이 대다수였으나, 시간이 지나며 미국도 나무 바닥(hardwood floor)이나 대리석 바닥(marble floor)으로 된 곳이 많아졌기 때문입니다.

정답 | 1. trying 2. keep smiling 3. kept walking 4. My husband kept snoring

이 친구 참 이기적일세

2022 하편 Day 064 | 1806회

문장별 꿀팁

A Our new boss is coming tomorrow. 우리 새 상사가 내일 와.
TIP 'be (~ing)'는 확정된 미래 사실을 말하는 시제입니다.

B I heard he is a strict man. 엄격한 사람이라고 들었어.
TIP strict(엄격한)의 반대는 laid-back(성격이 느긋하고 유들유들한)입니다.

A Oh, no. Are we in trouble, then? 오, 이런. 우리 그럼 큰일이 난 건가?
TIP be in trouble은 곤경에 빠진 상태, 즉 '큰일 났다'라는 의미가 됩니다.

B He's your boss, so it's not my problem.
너희 상사니까 내 문제는 아니지.
TIP 직장 내 상사는 직함보다 boss로 가장 많이 사용합니다.

* 핵심표현

~, so (평서문) ~이니까 (평서문)이다
→ 평서문에는 so 앞에 한 말의 결과에 해당하는 내용을 넣습니다.

예) She is your wife, so it's your problem. 그녀는 네 아내니까 그건 네 문제야.
예) I don't like her, so I don't care. 난 그녀를 안 좋아하니까 상관 안 해.

* 골라 쓰기 좋은 어휘들 *

it's up to you 너에게 달렸어
you are okay 넌 괜찮아
apologize to me 나에게 사과해

you will be fine 넌 괜찮을 거야
it's not my problem 그건 내 문제가 아니야

* 핵심표현 응용해보기

1. 그는 네 남자 친구니까 그건 너에게 달렸어.
   → He is your boyfriend, so it's _____.

2. 우린 한국에 사니까 (우린) 괜찮아.
   → We live in Korea, _____.

3. 네가 먼저 거짓말했으니까 나에게 사과해.
   → You lied first, _____.

4. 그녀는 네 친구니까 그건 내 문제가 아니지.
   → _____.

🔲 마유 SAYS

직장 동료를 언급할 때는 co-worker 혹은 colleague(→ 좀 더 격식 있음)를 씁니다.
co-employee는 너무 딱딱해서 사내 공지나 사장님의 연설 등에나 어울리는 단어입니다.

정답 | 1. up to you 2. so we are okay 3. so apologize to me 4. She is your friend, so it's not my problem

UNIT 16 양치기 소년이 되어 버린 나

2022 하편 Day 114 | 1856회

문장별 꿀팁

A Why don't you believe me? 왜 날 안 믿는 거야?
> **TIP** believe는 말을 믿는 것이지만 trust는 행동과 의도 등을 신뢰하는 것이라 더 깊은 느낌을 지닙니다.

B Because you lie all the time! 매번 거짓말을 하니까!
> **TIP** because 뒤에는 평서문을 넣어 이유를 표현할 수 있습니다.

B You're like that boy in 'The Boy Who Cried Wolf!'
'양치기 소년'에 나오는 그 남자애 같아!
> **TIP** 여기서 cry는 우는 게 아니라 외친다는 뜻입니다.

A Take it back. 그 말 취소해.
> **TIP** 이에 대한 대답에도 will은 넣지 않습니다. 예 I take it back. (방금 한 말 취소할게.)

✱ 핵심표현

Why don't you (동사원형)? 너 왜 (동사원형) 안 하는 거야?

→ 이 패턴은 '왜 ~ 안 하니?'가 되기도 하고, '~하는 게 어때?'라는 제안이 되기도 합니다.

- Why don't you call me anymore? 너 왜 나한테 더 이상 전화 안 하는 거야?
- Why don't you exercise? 너 왜 운동을 안 하는 거야?

✱ 골라 쓰기 좋은 어휘들 ✱

study hard 열심히 공부하다
just tell her 그냥 그녀에게 말하다
eat Korean food 한국 음식을 먹다
believe me 날 믿다
visit us anymore 더 이상 우릴 방문하다

✱ 핵심표현 응용해보기

1. 너 왜 열심히 일 안 하는 거야?

→ Why don't you _____ ?

2. 너 왜 날 안 믿는 거야?

→ Why don't _____ ?

3. 너 왜 너희 부모님을 방문 안 하는 거야?

→ Why _____ ?

4. 너 왜 채소를 안 먹는 거야?

→ _____ ?

마유 SAYS

'거짓말쟁이'를 liar가 아닌 lier로 스펠링을 잘못 쓰는 경우가 허다하니 유의하세요.
커닝을 하거나 바람을 피우는 등 부정행위를 하는 사람은 cheater라고 합니다.

정답 | 1. work hard 2. you believe me 3. don't you visit your parents 4. Why don't you eat vegetables

UNIT 17 우연히 마주친 그대

A I ran into my ex the other day. 나 지난번에 전 애인 마주쳤어.
TIP the other day는 정확한 날짜 없이 지난날(비교적 최근)을 의미합니다.

B No way! So, what did you do? 말도 안 돼! 그래서, 어떻게 했어?
TIP No way!는 '말도 안 돼!, 절대 아니야!, 절대 싫어!' 정도로 해석하세요.

A I couldn't say anything. 아무 말도 못 했어.
TIP couldn't는 '쿠든트'보다는 '쿠른트' 정도로 부드럽게 발음하세요.

B I'm actually glad you didn't. 안 해서 사실 다행이야.
TIP 여기서 you didn't는 you didn't say anything을 줄인 것입니다.

★ 핵심표현

I'm glad (평서문). (평서문)이라 다행이야.

→ '잘됐다' 혹은 '다행이다' 정도의 표현입니다. 더 강하게 말할 땐 I'm glad 대신 Thank God 를 쓰세요.

예 I am glad you came. 네가 와서 다행이다.
예 I am glad he quit. 걔가 그만둬서 다행이야.

★ 골라 쓰기 좋은 어휘들 ★

you are here 네가 여기에 있다
you like it 네가 그걸 좋아한다
we did it 우리가 그렇게 했다

she is okay 그녀가 괜찮다
it happened 그게 벌어졌다

★ 핵심표현 응용해보기

1. 네가 여기 있어 다행이야.

→ I'm glad _____.

2. 네 친구가 괜찮아서 다행이네.

→ I'm glad _____.

3. 네가 그걸 마음에 들어 해서 잘됐네.

→ I'm _____.

4. 네가 이해해 줘서 다행이야.

→ _____.

🗨 마유 SAYS

사람마다 다르지만, 미국에서는 전 애인이나 배우자와 친분을 유지하는 경우가 생각보다 많습니다. 현 애인과 전 애인이 친해지는 경우도 영화에서나 나오는 일만은 아닙니다.

정답 | 1. you are here 2. your friend is okay 3. glad you like it 4. I'm glad you understand

UNIT 18 비가 오면 로맨스

A **I forgot to bring my umbrella.** 우산 가져오는 거 깜빡했네.
TIP bring은 어떤 물건을 문장의 주체에게 가까이 가져가는 걸 의미합니다.

A **What should I do? It's pouring outside.**
나 어떡해? 밖에 비 쏟아지는데.
TIP 비가 심하게 올 땐 rain hard 혹은 pour라는 동사를 쓰세요.

B **You will be soaking wet.** 너 흠뻑 젖을 거야.
TIP soaking wet은 soaked(흠뻑 젖은)와 의미상 같습니다.

B **Use mine. I'm okay.** 내 것을 써. 난 괜찮아.
TIP 여기서 mine은 my umbrella입니다.

핵심표현

forget to (동사원형) (동사원형)하는 걸 잊다/깜빡하다
→ 하기로 예정되어 있던 것 혹은 해야 했던 것을 하지 않았다는 말입니다.

예 I forgot to bring my gloves. 내 장갑 가져오는 거 잊었어.
예 Don't forget to lock the windows. 창문 잠그는 거 잊지 마.

골라 쓰기 좋은 어휘들

do my homework 내 숙제를 하다
tell him 그에게 말해 주다
bring my passport 내 여권을 가져오다

wake her up 그녀를 깨우다
go to the gym 헬스클럽에 가다

핵심표현 응용해보기

1. 나 숙제하는 거 깜빡했어.
→ I forgot to _____.

2. 나한테 전화하는 거 잊지 마.
→ Don't forget _____.

3. 그녀는 자기 여권을 가져오는 걸 잊었어.
→ She _____.

4. 나 전화기 충전하는 거 깜빡했어.
→ _____.

마유 SAYS

우산을 펼친다고 할 땐 open the umbrella, 접는다고 할 땐 close the umbrella라고 합니다.
우산을 펼치거나 든다고 할 땐 put up the umbrella를 쓰기도 해요.

정답 | 1. do my homework 2. to call me 3. forgot to bring her passport 4. I forgot to charge my phone

UNIT 19 사랑스러운 며느리

2022 상편 Day 056 | 1668회

문장별 꿀팁

A Wow! What are these flowers? 와우! 이 꽃들은 뭐예요?
TIP these flowers처럼 복수가 오면 What is가 아니라 What are로 물어야 합니다.

B My daughter-in-law sent them to me. 우리 며느리가 보내 줬지.
TIP in-law 앞에 본인과의 관계를 넣으면 사돈 쪽을 표현할 수 있습니다.

A Oh, I'm so jealous of you! 오, 질투 나요!
TIP jealous(형용사)와 jealousy(명사)를 헷갈리지 마세요.

B She also got me this scarf. 이 스카프도 사 줬지.
TIP get은 뭔가를 '가져다주거나 사 주다'라는 의미입니다.

✱ 핵심표현

be jealous of (명사) (명사)를 질투하다
→ 명사에 사람을 넣어도 되고, 그 사람이 가진 것을 넣어도 됩니다.

- I am jealous of them. 난 그들이 질투 나.
- She is jealous of my success. 걔는 내 성공을 질투해.

✱ 골라 쓰기 좋은 어휘들 ✱

you 너
your success 너의 성공
her perfect body 그녀의 완벽한 몸매

her 그녀
your work 너의 작업
his skills 그의 실력

✱ 핵심표현 응용해보기

1. 난 그녀가 질투 나.

→ I am jealous _____.

2. 난 네가 질투 안 나.

→ I am not _____.

3. 넌 내 실력이 질투 나니?

→ Are you _____?

4. 우린 너의 성공이 질투 나.

→ _____.

🗨 마유 SAYS

jealous를 쓴다고 해서 시기하는 나쁜 감정만을 표현하는 게 아니라, 오히려 부러움을 극도로 표현하여 상대방의 기분을 더 좋게 해 주려는 의도로 쓰이는 경우가 대부분입니다.

정답 | **1.** of her. **2.** jealous of you. **3.** jealous of my skills. **4.** We are jealous of your success.

중매의 달인

A Is your son still single? 네 아들 아직 미혼이니?
TIP single은 미혼이란 말일 수도 있고, 단순히 애인이 없다는 말일 수도 있습니다.

B Unfortunately, he is. Why do you ask?
유감스럽게도 그렇네. 왜 물어보는데?
TIP Unfortunately는 보통 문장 맨 앞에서 '유감스럽게도, 아쉽지만' 정도로 해석됩니다.

A I want to set him up with my niece. 내 조카랑 연결해 주고 싶어서.
TIP niece는 여자 조카입니다. nephew(남자 조카)와 헷갈리지 마세요.

B Oh, that's a terrific idea! 오, 훌륭한 생각이야!
TIP terrific은 아주 좋다는 의미의 형용사입니다. terrible(끔찍한)과 헷갈리지 마세요.

✱ 핵심표현

set A up with B A를 B와 연결해 주다

→ 대부분 로맨틱한 연결로 쓰지만, 실력 있는 변호사와 연결해 주는 등 전문적인 소개에도 씁니다.

- Set me up with your friend. 나 좀 네 친구랑 연결해 줘.
- I can set you up with my cousin. 내가 널 내 사촌이랑 연결해 줄 수 있어.

✱ 골라 쓰기 좋은 어휘들 ✱

her 그녀
one of my friends 내 친구 중 한 명
my nephew 내 남자 조카

Kevin Kevin(사람 이름)
someone I know 내 지인
a good doctor 실력 있는 의사

✱ 핵심표현 응용해보기

1. 날 Emily와 연결해 줘.
   → Set me up _____.

2. 날 네 지인과 연결해 줘.
   → Set me _____.

3. 난 그녀를 내 남자 조카와 연결해 줬어.
   → I set her _____.

4. 내가 널 내 친구와 연결해 줄 수 있어.
   → _____.

🟢 마유 SAYS

'set A up with B'보다 더 격식 있는 표현은 'introduce A to B'입니다.
더 슬랭 느낌의 표현은 'hook A up with B'입니다.

정답: 1. with Emily 2. up with someone you know 3. up with my nephew 4. I can set you up with my friend

QUIZ

1 'maybe'보다 확신이 더 강한 느낌의 단어는?

ⓐ might be   ⓑ probably   ⓒ may be   ⓓ could be

2 다음 중 맞는 문장은?

ⓐ Apologize my mother.
ⓑ Apologize for my mother.
ⓒ Apologize to my mother.
ⓓ Apologize with my mother.

3 다음 중 틀린 문장은?

ⓐ I wish I am a bird.
ⓑ I wish you were here.
ⓒ I wish I had more money.
ⓓ I wish you could come.

4 다음 중 '매일매일'이란 의미의 부사는?

ⓐ every-day   ⓑ everyday   ⓒ all day   ⓓ every day

5 다음 중 맞는 문장은?

ⓐ Finish it by Thursday.
ⓑ Come back until 10.
ⓒ Wait here by 5.
ⓓ Return it until tomorrow.

🔖 TIP

1 'probably'는 '아마도' 정도로 확신이 꽤 있는 편에 속합니다.
2 'for'는 미안한 일 앞에 넣을 수 있습니다. 예) We apologize for the delay.
3 'I wish'로 현재 가정문을 만들려면 동사는 과거로 쓰세요. (be동사일 경우 무조건 were)
4 'everyday'처럼 붙여서 쓰면 형용사로 '일상적인, 매일 하는'이란 의미입니다.
5 'by'는 '~까지 한 번만' vs 'until'은 '~까지 계속 연결해서'입니다.

CHAPTER 4

6 짝사랑의 대상을 의미하는 단어는?

ⓐ crush ⓑ one love
ⓒ fallen ⓓ one-side love

7 'elderly' 앞에 넣으면 '어르신들'이 되는 단어는?

ⓐ an ⓑ of ⓒ all ⓓ the

8 다음 중 <u>어색한</u> 문장은?

ⓐ I come here all the time. ⓑ She is in a trouble.
ⓒ He lives next door to me. ⓓ Take it back.

9 'soaking wet'과 같은 의미의 단어는?

ⓐ moist ⓑ soaked ⓒ dry ⓓ humid

10 다음 중 맞는 문장은?

ⓐ My son-in-raw is a doctor. ⓑ I'm still at company.
ⓒ She is my nephew. ⓓ I'm jealous of my sister.

TIP

6 'a secret crush'라고 하면 짝사랑임을 더 강조해 줘요.
7 형용사 앞에 'the'를 넣으면 그런 성질을 가진 사람들 전체를 묶어 부르는 것이죠.
8 여기서 'trouble'은 '곤란함'이란 추상적인 개념이라 셀 수 없어요.
9 'moist'는 '겨우 촉촉한' 정도의 젖음입니다.
10 'in-raw' → 'in-law' / 'at company' → 'at work' / 'nephew' → 'niece'

정답 | 1. ⓓ 2. ⓒ 3. ⓐ 4. ⓓ 5. ⓒ 6. ⓐ 7. ⓓ 8. ⓑ 9. ⓑ 10. ⓓ

마유's Pick 사용빈도 1억 단어

- **break** 깨뜨리다; 휴식
  - 예 He broke the glass. 그가 유리를 깼어.
  - 예 I need a break. 나 좀 쉬고 싶어.

- **follow** 따르다, 따라가다
  - 예 Please follow me. 절 따라오세요.
  - 예 I followed the rules. 난 그 규칙들을 따랐어.

- **cheap** 값싼, 저렴한
  - 예 This shirt is cheap. 이 셔츠 싸네요.
  - 예 The skirt looks cheap. 그 치마 싸 보여.

- **early** 이른; 일찍
  - 예 I woke up early. 일찍 일어났어.
  - 예 Don't come too early. 너무 일찍 오지 마.

- **noise** 소음, 시끄러운 소리
  - 예 What's that noise? 저게 무슨 소리야?
  - 예 The noise was loud. 소음이 컸어.

- **soft** 부드러운
  - 예 This blanket is soft. 이 담요 부드럽다.
  - 예 I like soft music. 난 부드러운 음악 좋아해.

- **turn** 돌다, 방향을 바꾸다
  - 예 Turn left here. 여기서 좌회전해.
  - 예 He turned around. 그는 돌아섰어.

- **world** 세계, 세상
  - 예 I want to travel the world. 세계를 여행하고 싶어.
  - 예 The world is big. 세상은 넓어.

☐ **spend** 쓰다, 소비하다
- 예 I spent too much money. 나 돈 너무 많이 썼어.
- 예 Don't spend all your money. 돈 다 쓰지 마.

☐ **weather** 날씨
- 예 The weather is nice. 날씨 좋다.
- 예 I hate cold weather. 난 추운 날씨 싫어.

☐ **delicious** 맛있는
- 예 This food is delicious! 이 음식 맛있네요!
- 예 The cake was delicious. 케이크가 맛있었어.

☐ **win** 이기다
- 예 I want to win. 난 이기고 싶어.
- 예 The Korean team won the game. 한국 팀이 경기에서 이겼어.

☐ **bring** 가져오다
- 예 Please bring your ID. 신분증 가져오세요.
- 예 I brought my lunch. 나 점심 가져왔어.

☐ **move** 움직이다, 이사하다
- 예 Don't move! 움직이지 마!
- 예 We moved to Seoul. 우린 서울로 이사했어.

☐ **ready** 준비된
- 예 I am ready. 난 준비됐어.
- 예 Are you ready to go? 너 갈 준비됐어?

☐ **ride** 타다
- 예 Let's ride a bike. 자전거 타자.
- 예 He is riding a horse. 그는 말을 타고 있어.

미유's Pick 사용빈도 1억 표현

- ☐ **Let me explain.** 해명 좀 할게요.
- ☐ **That's ridiculous.** 말도 안 돼.
- ☐ **It's none of your business.** 네 알 바 아니야.
- ☐ **You're welcome to join us.** 우리랑 같이해도 돼.
- ☐ **Keep me posted.** 계속 알려 줘.
- ☐ **Give me a break.** 좀 봐줘. 너무하네.
- ☐ **Let's not talk about it.** 그 얘긴 하지 말자.
- ☐ **You nailed it!** 완전 잘했어!
- ☐ **I'm in trouble.** 나 큰일 났어.
- ☐ **Who cares?** 누가 상관해?
- ☐ **Rise and shine!** 일어나렴!
- ☐ **Is that the best you can do?** 그게 가장 싸게 줄 수 있는 가격이에요?
- ☐ **I'm in love.** 나 사랑에 빠졌어.
- ☐ **I'm hangry.** 배고파서 화가 나.
- ☐ **Break a leg!** 행운을 빌어!
- ☐ **Don't judge a book by its cover.** 겉모습만 보고 판단하지 마.
- ☐ **That's too bad.** 아쉽네.
- ☐ **That's a breeze.** 엄청 쉽지.
- ☐ **Make yourself at home.** 집처럼 편하게 계세요.
- ☐ **Practice makes perfect.** 연습이 완벽을 만든다.

> '영어를 잘하려면 발음이 좋아야 한다.'
> 결론부터 말씀드리면, 틀렸습니다.
> 발음이 좋은 사람은 영어를 잘하리라 생각하지만,
> 현실은 절대 그렇지 않습니다.
> 심지어 강의를 하는 사람들도 발음만 좋고
> 막상 영어는 못하는 경우가 굉장히 흔합니다.
>
> 남의 시선을 의식하는 습관이 '발음 집착'이라는 안타까운 결과를 낳았습니다.
> 맹세코 한국인 특유의 발음과 억양은 소통에 영향을 주지 않습니다.
> 정작 소통에 영향을 주는 건 문장을 구성하고 응용하는 능력입니다.
>
> 영어를 잘하는 사람은 발음에 집착하지 않습니다. 그 시간에 기본에 충실하죠.
> 배운 어휘, 문법, 패턴으로 한 마디라도 더 말해 보려고 노력합니다.
> 발음이 쓸모없다는 말은 결코 아닙니다.
> 다만, 발음 교정은 '마무리 다듬기'의 개념으로 보는 게 맞습니다.
>
> 어떻게 하면 원어민처럼 보일지 고민하지 마시고,
> 어떻게 하면 '말이 되는' 문장으로 말할 수 있을까를 고민하세요.
>
> 아, 조건이 하나 있습니다. 작은 목소리와 웅얼거림은 절대 안 됩니다.
> 어차피 원어민을 만나면 우리 목소리는 적어도 50%는 줄어듭니다.
> 낭독이든, 입영작이든, 롤플레잉이든 자신감 가지고 무조건 큰 목소리로 하세요.
>
> 우리는 20 에피소드 후에 '큰 목소리와 자신감'을 탑재하고 다시 만나겠습니다.
>
> Yours,
> MAYU (Master Eugene)

CHAPTER 05

01 좌석 스크린 없이 비행할 순 없지
02 다리 좀 펴고 비행해 보자
03 뉴욕의 체감 온도는 최악이야
04 동물원에 가는 셔틀
05 내 스타일이지만 색상이 없을 땐
06 마가리타 한잔하실래요?
07 하와이는 못 참지
08 유스 호스텔에서 만난 외국인
09 시간당 3달러면 괜찮네
10 겨울엔 호텔에서 뭘 하나
11 리뷰가 전부는 아니야
12 바닷가에서는 무조건 안전하게
13 짐이 너무 많을 땐
14 오페라의 유령은 가격도 무서워
15 호텔 인터넷이 말썽이네
16 완벽한 구도로 사진 찍기
17 화장실을 자주 가는 나
18 긴급 의료 상황
19 의자 빌려 쓰기
20 반려동물 호텔

UNIT 01 좌석 스크린 없이 비행할 순 없지

문장별 꿀팁

A My screen is not turning on. 화면이 안 켜지는데요.
TIP turn on은 '무언가를 켜거나 무언가 켜진다'라는 뜻의 덩어리 동사입니다.

B Could you press the reset button? 리셋 버튼 눌러 주실 수 있을까요?
TIP push는 누르거나 민다는 뜻이 되지만 press는 누른다는 뜻만 됩니다.

A I already tried. It didn't work. 이미 해 봤는데. 안 되더라고요.
TIP work는 뭔가 작동하거나 효과가 있다는 동사입니다.

B OK. Let me move you to another seat. 알겠습니다. 다른 자리로 옮겨 드릴게요.
TIP another는 명사 앞에서 '이것 말고 다른 ~'이라는 의미입니다.

* 핵심표현

didn't (동사원형) (동사원형)하지 않았다
→ 과거에 하지 않은 행동이나 벌어지지 않은 사건을 표현합니다.

- 예) I didn't sleep last night. 나 어젯밤에 안 잤어.
- 예) She didn't wake me up. 걔가 날 안 깨웠어.

> *** 골라 쓰기 좋은 어휘들 ***
>
> know that 그걸 알다   eat breakfast 아침을 먹다
> hear anything 아무것도 들리다 (*부정문에서)   see you 널 보다
> go to work 출근하다   steal anything 아무것도 훔치다 (*부정문에서)

* 핵심표현 응용해보기

1. 전 그걸 몰랐어요.

→ I didn't _____.

2. 우린 아무것도 못 들었어.

→ We didn't _____.

3. 나 오늘 출근 안 했어.

→ I _____.

4. 나 오늘 운동 안 했어.

→ _____.

마유 SAYS

비행기 탑승 시 불만이 있더라도 예의를 갖추고 언성을 낮춰야 합니다. 특히 외국 항공사에서는 도발적인 행동에 민감하여 약간의 문제에도 바로 security(보안 요원)를 불러 하차 조치를 취할 수 있습니다.

정답 | 1. know that 2. hear anything 3. didn't go to work today 4. I didn't exercise today

UNIT 02 | 다리 좀 펴고 비행해 보자

문장별 꿀팁

A Do you have seats with more legroom?
더 넓은 다리 공간이 있는 자리 있나요?

TIP legroom에서 room은 '방'이 아니라 '여유, 공간'이라는 의미입니다.

B Yes, these are premium seats. 네, 여기 보이는 게 프리미엄 좌석입니다.

TIP seat은 chair(의자)와 달리 옮길 수 있는 물체가 아닙니다.

B I can upgrade your seat for an extra $50.
추가 50달러에 좌석을 업그레이드해 드릴 수 있어요.

TIP '추가 얼마에'라고 할 땐 이렇게 extra 앞에 an을 넣어 줘야 합니다.

A OK. I'll take this window seat. 좋아요. 이 창가 자리로 할게요.

TIP take는 원래 '받아들이다'라는 말입니다. 제안을 받아들이고 사거나 이용하겠다는 말입니다.

* 핵심표현

with (명사) (명사)가 있는 / (명사)를 가진
→ 무언가 딸린 방을 표현하거나 어떤 자질을 가진 사람을 표현하는 등 다양하게 쓸 수 있어요.

예 Can I have a room with a single bed? 싱글 침대가 있는 방을 주실 수 있나요?
예 I bought a car with a sunroof. 난 선루프가 있는 차를 샀어.

> * 골라 쓰기 좋은 어휘들 *
> a queen-size bed 퀸 사이즈 침대
> an ocean view 바닷가 뷰
> a good personality 좋은 성격
> a kitchen 부엌
> Bluetooth 블루투스
> charisma 카리스마

* 핵심표현 응용해보기

1. 퀸 사이즈 침대가 있는 방을 주실 수 있나요?
→ Can I have a room with _____?

2. 그는 카리스마를 가진 남자야.
→ He is a man _____.

3. 난 좋은 성격을 가진 누군가를 원해.
→ I want _____.

4. 전 더 많은 다리 공간이 있는 좌석을 원해요.
→ _____.

마유 SAYS

legroom에서 room은 '방'이 아니라 '공간'이라고 했죠? room을 '방'이란 의미로 쓴다면 셀 수 있는 단어이므로 a room이라고 써야 합니다. '공간'이란 의미는 추상적인 개념이기 때문에 셀 수 없는 단어가 되므로 관사 없이 그냥 room이라고 합니다.

정답 | 1. a queen-size bed 2. with charisma 3. someone with a good personality 4. I want a seat with more legroom

UNIT 03 | 뉴욕의 체감 온도는 최악이야

CHAPTER 5 | 2024 하편 Day 115 | 2377회

❶ New York is even colder than Seoul!
❷ It's because of the wind.
❸ There are many tall buildings in the city.
❹ Gosh, I can't feel my hands.

문장별 꿀팁

A New York is even colder than Seoul! 뉴욕은 서울보다 훨씬 더 춥네!
TIP than 뒤에는 비교의 대상을 씁니다.

B It's because of the wind. 바람 때문이야.
TIP because of와 비슷한 표현으로는 due to가 있습니다.

B There are many tall buildings in the city. 시내에 높은 건물이 많아.
TIP 건물이 높다고 할 땐 high가 아니라 tall을 씁니다.

A Gosh, I can't feel my hands. 어휴, 손이 꽁꽁 얼었어.
TIP 입김이 나온다고 할 땐 I can see my breath.라고 하세요.

* 핵심표현

because of (목적어) (목적어) 때문에

→ 뭔가의 이유를 문장이 아닌 명사로 나타낼 수 있습니다.

- 예) It's because of you. 그건 너 때문이야.
- 예) Is it because of the weather? 그건 날씨 때문인가요?

* 골라 쓰기 좋은 어휘들 *

them 그들	the storm 폭풍	the rain 비
the traffic jam 교통 체증	your greed 너의 욕심	my mistake 내 실수
the wind 바람		

* 핵심표현 응용해보기

1. 그녀는 그들 때문에 떠났어.

→ She left because _____.

2. 그 사고는 비 때문에 벌어졌어.

→ The accident happened _____.

3. 그건 우리 때문이야.

→ It's _____.

4. 그게 나 때문이니?

→ _____?

마유 SAYS

because of와 비슷하지만 감사함을 담은 '~ 덕분에'는 thanks to를 사용하세요.
또한, due to도 because of와 의미는 같지만, 사람에게는 잘 쓰지 않아요.
- 예) It's due to you. (어색한 표현)

정답 | 1. of them 2. because of the rain 3. because of us 4. Is it because of me

UNIT 04 동물원에 가는 셔틀

CHAPTER 5 | 2024 상편 Day 025 | 2157회

문장별 꿀팁

A Excuse me, which way is San Diego Zoo?

실례지만, 샌디에이고 동물원이 어느 쪽이죠?

TIP Which way(어느 쪽)는 정확한 목적지보다는 방향을 물어볼 뿐입니다.

B It's this way. Take that yellow shuttle.

이쪽입니다. 저 노란 셔틀을 타세요.

TIP 이동 수단을 이용한다고 할 땐 동사 take를 쓰세요.

B It will take you all the way to the zoo. 동물원까지 데려다줄 거예요.

TIP all the way는 없어도 되는 말이지만 거리감을 강조해 줍니다. *'멀리, 완전히' 정도로 해석

A Thanks! I think I should run. 고마워요! 달려야겠네요.

TIP Thank you. 대신 Thanks.를 쓴다고 무례하진 않습니다. 좀 더 친근할 뿐입니다.

★ 핵심표현

should (동사원형) (동사원형)해야겠다 / 하는 게 좋겠다

→ 의무 수준으로 하기 싫어도 꼭 해야 한다는 have to와는 달리 조언 정도로 가벼운 느낌입니다.

- I should go. 나 가야겠어.
- We should be careful. 우리 조심해야겠어.

★ 골라 쓰기 좋은 어휘들 ★

stop drinking 금주하다
eat less 덜 먹다
be calm 침착하다

study harder 더 열심히 공부하다
exercise more often 더 자주 운동하다
call her 그녀에게 전화하다

★ 핵심표현 응용해보기

1. 나 금주해야겠어.

→ I should _____.

2. 우리 집에 가야겠어.

→ We should _____.

3. 넌 더 자주 운동하는 게 좋겠어.

→ You _____.

4. 우리 마유에게 물어보는 게 좋겠어.

→ _____.

🟢 마유 SAYS

San Diego에 가신다면 Sand Diego Zoo(동물원), SeaWorld San Diego(해양 테마파크), La Jolla Cove(바다사자, 산책, 쇼핑)을 추천해 드립니다. 서부에서도 살아 본 마유의 선택!

정답 | 1. stop drinking 2. go home 3. should exercise more often 4. We should ask Mayu

UNIT 05 | 내 스타일이지만 색상이 없을 땐

2024 상편 Day 100 | 2232회

문장별 꿀팁

A Do you have this shirt in red? 이 셔츠 빨간색으로 있나요?

TIP 셔츠 하나는 shirts가 아닌 shirt입니다. 유의하세요.

B Unfortunately, that's the last one. 유감스럽게도, 그게 마지막이에요.

TIP 여기서 one은 앞의 shirt를 받는 대명사입니다.

B You can order it on our online store if you want.

원하시면 저희 온라인 상점에서 주문하실 수 있어요.

TIP 온라인에서 구매했다면 on 혹은 from을 넣어야 '~에서'라는 말이 됩니다.

A I might as well do that. 차라리 그렇게 하는 게 더 낫겠네요.

TIP might as well은 '~하는 게 더 낫겠다'라는 의미입니다.

* 핵심표현

Do you have (명사) + in (색깔)? (명사)가 (색깔)로 있나요?

→ 색깔의 자리에 사이즈를 넣어도 됩니다. 예) in a large

- 예) Do you have this skirt in black? 이 치마 검은색으로 있나요?
- 예) Do you have this scarf in white? 이 스카프 흰색으로 있나요?

* 골라 쓰기 좋은 어휘들 *

white 흰색	black 검은색	gray 회색
light green 옅은 초록색	bright pink 쨍한 핑크색	any other colors 다른 색

* 핵심표현 응용해보기

1. 이 셔츠 회색으로 있나요?

→ Do you have this shirt in _____?

2. 이 치마 옅은 노란색으로 있나요?

→ Do you have this skirt _____?

3. 이 반바지 빨간색으로 있나요?

→ Do you have _____?

4. 이 모자 다른 색으로 있나요?

→ _____?

🟢 마유 SAYS

쇼핑을 마치고 계산하기 직전에 Did you find everything okay?란 말을 거의 100% 듣게 될 것입니다. 원하는 상품 문제없이 찾았냐는 질문입니다. 놀라지 말고 쿨하게 Yes. Thank you.라고 해 주세요.

정답 | 1. grey 2. in light yellow 3. these shorts in red 4. Do you have this hat in any other colors

UNIT 06 마가리타 한잔하실래요?

2024 상편 Day 115 | 2247회

A What would you like to drink, ma'am? 뭘 마시고 싶으신가요, 부인?
TIP ma'am은 여자를 부르는 존칭입니다. 결혼의 여부와 상관없습니다.

B Can I get a classic margarita? 클래식 마가리타 한 잔 주실 수 있나요?
TIP 뭔가를 주문할 때 get 대신 have를 써도 좋습니다.

A Sure. Would you like that on the rocks or blended?
그럼요. 얼음 넣어 드릴까요, 갈아 드릴까요?
TIP blended는 blend(갈아서 섞다)에서 온 형용사입니다.

B On the rocks, please. 얼음 넣어 주세요.
TIP on the rocks의 rocks는 '얼음 조각들'을 의미합니다.

✻ 핵심표현

What would you like + to (동사원형)? 무엇을 (동사원형)하고 싶으신가요?

→ would you like to(~을 하고 싶으신가요)에 의문사 what(무엇)을 섞은 고급 패턴입니다.

- 예) What would you like to eat? 뭘 드시고 싶으신가요?
- 예) What would you like to order? 뭘 주문하고 싶으신가요?

골라 쓰기 좋은 어휘들

drink 마시다	order today 오늘 주문하다	watch 보다, 시청하다
wear 입다	talk about 얘기하다	learn 배우다
listen to 듣다		

✻ 핵심표현 응용해보기

1. 무엇을 배우고 싶으신가요?
   → What would you like to _____?

2. 오늘은 무엇을 주문하고 싶으신가요?
   → What would you _____?

3. 무엇에 대해 얘기하고 싶으신가요?
   → What _____?

4. 무엇을 바꾸고 싶으신가요?
   → _____?

🟢 마유 SAYS

운이 좋다면 바텐더나 술집에서 술 한잔 정도를 서비스로 줄 때도 있습니다. 이때 바텐더는 The drink's on the house.라고 할 거예요. on the house는 '가게에서 부담한다'라는 덩어리 표현입니다.

정답 | 1. learn 2. like to order today 3. would you like to talk about 4. What would you like to change

UNIT 07 하와이는 못 참지

2023 하편 Day 005 | 2007회

문장별 꿀팁

A We are going on a family trip soon. 우리 곧 가족여행 가.

TIP 여행을 간다고 할 땐 go on a trip 혹은 take a trip을 씁니다.

B Good for you! Where are you going? 잘됐네! 어디로 가는데?

TIP Good for you!보다 더 강한 리액션은 I'm happy for you!입니다.

A We are going to Hawaii. I can't wait. 하와이로 가. 못 기다리겠어.

TIP 여기서 시제는 확정된 미래 사실을 알리는 'be (~ing)'입니다.

B Hawaii? Man! You'll love it there!
하와이? 와! 너 거기 엄청 마음에 들 거야!

TIP 어딘가 마음에 든다고 할 때, 그 장소를 here/there로 쓰면 it도 함께 넣어 줘야 합니다.

✱ 핵심표현

go on a family trip 가족여행을 가다
→ 어디에 갔는지도 뒤에 to와 함께 추가할 수 있습니다. 예 to Hawaii

- 예 We went on a family trip to Vietnam. 우린 베트남으로 가족여행을 갔어.
- 예 We are going on a family trip next month. 우리 다음 달에 가족여행 가.

✱ 골라 쓰기 좋은 어휘들 ✱

to Canada 캐나다로	to Europe 유럽으로	to America 미국으로
there 거기로	to Thailand 태국으로	in May 5월에
next week 다음 주에		

✱ 핵심표현 응용해보기

1. 우리 태국으로 가족여행 갔어.
   → We went on a _____.

2. 우리 지난주에 가족여행 갔어.
   → We went on _____.

3. 우리 이번 주말에 가족여행 가.
   → We are going _____.

4. 그들은 스페인으로 가족여행을 갔어.
   → _____.

🌀 마유 SAYS

여행 간다는 기본 표현은 go on a trip이기 때문에 a business trip(출장) / a solo trip(나홀로 여행)' 등으로 응용할 수 있습니다. 심지어 our honeymoon(우리의 신혼여행)'도 가능해요.

정답 | 1. family trip to Thailand 2. a family trip last week 3. on a family trip this weekend 4. They went on a family trip to Spain

UNIT 08 유스 호스텔에서 만난 외국인

문장별 꿀팁

A Is this your first time in San Diego? 샌디에이고에는 이번이 처음인가요?

TIP first trip이라고 할 땐 in 대신 to를 씁니다.

B Yeah. I'm only staying here for two days.
네, 여기엔 이틀 동안만 머물러요.

TIP 기간을 나타낼 땐 for(~동안)를 추가하세요.

B So, what's famous in San Diego? 그래서, 샌디에이고에는 뭐가 유명해요?

TIP famous와 비슷하게 well known(잘 알려진)이 있습니다.

A You should definitely check out the San Diego Zoo.
샌디에이고 동물원은 확실히 가 봐야 해요.

TIP check out은 take a look at(~을 살펴보다)을 캐주얼하게 바꾼 표현입니다.

* 핵심표현

What's famous + in (지역)? (지역)에는 뭐가 유명해?
→ 지역은 나라, 주, 도시가 가능합니다. in을 빼고 around here(이 근처에)를 넣어도 됩니다.

- 예 What's famous in Chicago? 시카고에는 뭐가 유명해?
- 예 What's famous in Toronto? 토론토에는 뭐가 유명해요?

*** 골라 쓰기 좋은 어휘들 ***

France 프랑스	Florida 플로리다	London 런던
here 여기에	there 거기에	the city 그 도시
this area 이 지역	Gyeonggi-do 경기도	

* 핵심표현 응용해보기

1. 미국에는 뭐가 유명해?

→ What's famous in _____ ?

2. 텍사스에는 뭐가 유명해?

→ What's famous _____ ?

3. 뉴욕시에는 뭐가 유명해?

→ What's _____ ?

4. 이 근처엔 뭐가 유명해요?

→ _____ ?

마유 SAYS

Is this your first time in ~?을 배웠다면, 대답으로 This is my first time in ~.도 할 줄 알아야 하고, first time뿐 아니라 second time, third time도 할 줄 알아야 합니다. 응용을 못 하면 언어가 아니죠.

정답 | 1. America 2. in Texas 3. famous in New York City 4. What's famous around here

UNIT 09 CHAPTER 5

시간당 3달러면 괜찮네

2023 하편 Day 105 | 2107회

A How much is parking here? 여기 주차 얼마예요?
TIP How much is ~? 대신 How much do you charge for ~?를 쓰기도 합니다.

B The first 30 minutes is free. 처음 30분은 무료입니다.
TIP 시간이나 기간 앞에 the first를 넣으면 '처음 얼마 동안'이라는 말입니다.

B After that, it's $3 an hour. 그 후에는 시간당 3달러예요.
TIP an hour는 '시간당'입니다. a day는 '하루당'이겠죠?

A That sounds quite reasonable. 꽤 합리적인 것 같네요.
TIP quite는 pretty처럼 '꽤'라는 뜻입니다.

* 핵심표현

How much is/are (명사)? (명사)는 얼마예요?
→ 청바지, 양말, 귀걸이 등의 복수명사라면 are를 쓰세요.

- How much is everything? 다 합쳐서 얼마예요?
- How much are these earrings? 이 귀걸이 얼마예요?

> * 골라 쓰기 좋은 어휘들
>
> this wallet 이 지갑　　that necklace 저 목걸이　　this 이것
> the blue one 그 파란 것　these shorts 이 반바지　　those sneakers 그 운동화들
> these 이것들　　　　　 those 그것들

* 핵심표현 응용해보기

1. 이 시계는 얼마예요?
→ How much is _____?

2. 그 흰 것은 얼마예요?
→ How much _____?

3. 이 청바지는 얼마예요?
→ How _____?

4. 그것들은 얼마예요?
→ _____?

🗨 마유 SAYS

한국처럼 미국에서도 주차 할인을 해 주는 곳이 많습니다. 안내를 받지 못했다면, 호텔이나 쇼핑몰 등에서 Can you validate my parking?이라고 물어보면 되겠습니다.

정답 | 1. this watch 2. is the white one 3. much are these jeans 4. How much are those

UNIT 10 CHAPTER 5

겨울엔 호텔에서 뭘 하나

2023 상편 Day 005 | 1877회

❶ Can I use the pool?
❷ We're sorry. The pool is closed during winter.
❸ Are there other indoor activities?
❹ The gym is open 24/7.

A Can I use the pool? 수영장 사용해도 되나요?

TIP Can I ~?보다 더 예의 있는 표현은 May I ~?입니다.

B We're sorry. The pool is closed during winter.

죄송합니다. 겨울 동안에는 수영장은 닫아요.

TIP closed(닫힌)와 반대되는 형용사는 open(열린)입니다.

A Are there other indoor activities? 다른 실내 활동이 있나요?

TIP indoor(실내의)의 반대말은 outdoor(실외의)입니다.

B The gym is open 24/7. 헬스클럽은 일 년 내내 열려 있어요.

TIP '24/7'는 '일 년 내내'라는 슬랭 표현입니다.

* 핵심표현

during (명사) (명사) 동안에/중에
→ 특정 기간 동안 계속 벌어지는 일 혹은 단발성으로 벌어지는 일을 표현합니다.

- 예) The ski resort is closed during summer. 스키 리조트는 여름 동안에는 닫아요.
- 예) You can't go to the bathroom during the test.
  시험 중에는 화장실에 갈 수 없습니다.

* 골라 쓰기 좋은 어휘들 *

winter 겨울	the summer 특정한 여름	the week 주
the weekend 주말	the meeting 회의	the day 낮
the show 쇼	the summer break 여름 방학	

* 핵심표현 응용해보기

1. 점심 동안에 비가 왔어.
   → It rained _____.

2. 쇼 중에는 얘기하지 마세요.
   → Please don't talk _____.

3. 난 비행 중에 잤어.
   → I slept _____.

4. 그건 그 여름 중에 벌어졌어.
   → _____.

🟢 마유 SAYS

대화문에 나온 '24/7'은 '24시간, 7일 내내'를 표현한 것입니다. 말로 할 때는 /는 생략하고 twenty-four seven이라고 하세요.

정답 | 1. during lunch 2. during the show 3. during the flight 4. It happened during the summer

UNIT 11 리뷰가 전부는 아니야

A **Should we go to this restaurant?** 우리 이 식당에 가야 하나?
TIP 캐주얼한 분위기의 식당은 diner라고 부르기도 합니다.

B **Nah... The reviews are not that good.**
아니… 리뷰들이 그렇게 좋지는 않아.
TIP Nah는 No를 더 부드럽고 캐주얼하게 표현한 것입니다.

A **Can we really trust those reviews?** 그 리뷰들 정말 신뢰할 수 있는 거야?
TIP those는 that의 복수형입니다.

B **I'm not sure. Let's find out, then.** 확실히 모르겠어. 그럼, 알아보자.
TIP find out은 물건을 찾아내는 게 아니라, 사실을 '알아내는 것'입니다.

✱ 핵심표현

Should we (동사원형)? 우리 (동사원형)해야 하나?

→ should를 질문에 쓰면, 안 해도 큰 문제는 아니지만 '~해야 하나?' 하고 고민하는 느낌이 됩니다.

- 예 Should we buy the house? 우리 그 집 사야 하나?
- 예 Should we eat out? 우리 외식해야 하나?

> ✱ 골라 쓰기 좋은 어휘들 ✱
>
> go home 집에 가다 　　　　order some food 음식을 좀 주문하다
> stay here 여기 머물다 　　　stay longer 더 오래 머물다
> bring some wine 와인을 좀 가져오다

✱ 핵심표현 응용해보기

1. 우리 그냥 집에 가야 하나?
   → Should we just _____?

2. 우리 여기서 먹어야 하나?
   → Should we _____?

3. 우리 그냥 포기해야 하나?
   → Should _____?

4. 우리 나중에 다시 와야 하나?
   → _____?

🍃 마유 SAYS

should와 have to의 차이를 잘 모르겠다면, 이렇게 질문형으로 만들어 표정 등을 연습하세요. Should I ~?는 '흠…' 하며 고민하는 느낌으로, 'Do I have to ~?'는 살짝 하기 싫다는 느낌으로!

정답 | 1. go home 2. eat here 3. we just give up 4. Should we come back later

UNIT 12 바닷가에서는 무조건 안전하게

문장별 꿀팁

A The water is too deep for kids here.
여긴 아이들에게 물이 너무 깊습니다.
TIP 셀 수 없는 단어인 water라도 구체적인 위치의 물을 말하는 거라면 the를 쓸 수 있습니다.

B But they are wearing life vests. 하지만 구명조끼를 입고 있는데요.
TIP wear는 이미 입고 있는 상태를 강조합니다.

A Please move closer to the shore. 해변으로 더 가까이 이동해 주세요.
TIP shore는 물과 모래사장이 만나는 지점을 말합니다.

B I see. We will move right away. 알겠습니다. 바로 움직일게요.
TIP right away는 '지금 당장'을 나타내는 right now보다 더 포괄적입니다.

✱ 핵심표현

too (형용사) 너무 (형용사)한

→ 형용사는 상태를 강조합니다. 그리고 too는 그 상태가 '너무 심하다'는 느낌을 줍니다.

- 예) She is too sensitive. 그녀는 너무 민감해.
- 예) It's too cold in here. 이 안은 너무 추워.

✱ 골라 쓰기 좋은 어휘들 ✱

| confusing 헷갈리는 | spicy 매운 | bright 밝은 | tired 피곤한 |
| complicated 복잡한 | far 먼 | deep 깊은 | expensive 비싼 |

✱ 핵심표현 응용해보기

1. 이 목걸이는 너무 비싸.

→ This necklace is _____.

2. 그거 너무 매워!

→ It's _____!

3. 이 문장은 너무 헷갈려.

→ This _____.

4. 이 질문은 너무 어려워.

→ _____.

🗨 마유 SAYS

물가에서의 비상 상황에서는 My child is drowning!(아이가 물에 가라앉고 있어요!) 혹은 My child fell into the water!(아이가 물에 빠졌어요!)를 꼭 기억하세요. 직설적으로 가야 합니다.

정답 | 1. too expensive 2. too spicy 3. sentence is too confusing 4. This question is too difficult

UNIT 13 | 짐이 너무 많을 땐

CHAPTER 5

문장별 꿀팁

A Can you help me with my luggage? 제 짐 좀 도와줄 수 있나요?

TIP luggage와 baggage는 둘 다 '짐'을 의미하며 셀 수 없는 단어입니다.

B Sure. Which room are you staying in?

그럼요. 어느 방에 머물고 계시죠?

TIP Which(어느)는 What(무엇)보다 한정된 옵션 안에서 질문하는 것입니다.

A I'm staying in 1328. 1328호에 머물고 있어요.

TIP 방 안에 머무는 것이므로 in과 함께 써 줍니다.

B Let me bring a cart. 카트를 가져올게요.

TIP bring은 듣는 사람에게 가까이 가져감을 의미합니다.

* 핵심표현

help (목적어) **+ with** (명사)   (목적어)를 (명사)에 대해 도와주다
→ 영어에서는 '~에 대해' 도와준다고 해서 about을 쓰지 않습니다.

예 Help me with my Korean. 내 한국어에 대해 나를 도와줘.

예 I can help you with your problem.
제가 당신을 당신의 문제에 대해 도와줄 수 있습니다.

* 골라 쓰기 좋은 어휘들 *

my problem 내 문제	my English 내 영어	her essay 그녀의 에세이
your resume 네 이력서	my bags 제 가방들	these boxes 이 상자들

* 핵심표현 응용해보기

1. 제 영어에 대해 절 도와주세요.

　→ Please help me with _____.

2. 이 양식에 대해 절 도와주세요.

　→ Please help me _____.

3. 이 상자들에 대해 저희를 도와줄 수 있나요?

　→ Can you _____?

4. 내가 네 문제에 대해 널 도와줄 수 있어.

　→ _____.

🔊 마유 SAYS

luggage와 baggage는 셀 수 없는 단어라고 했는데, 셀 수 있는 단어를 쓰고 싶다면 bag(가방), suitcase(여행 가방), carry-on bag(휴대 가방), box(상자) 등을 쓰면 됩니다.

정답 | 1. my English 2. with this form 3. help us with these boxes 4. I can help you with your problem

UNIT 14 오페라의 유령은 가격도 무서워

2022 하편 Day 125 | 1867회

A Can I get 2 tickets for *The Phantom of the Opera*?
'오페라의 유령' 표 두 장 살 수 있나요?

TIP 표를 살 때 'Can I get OO ticket(s) for OOO?'의 형식을 익혀 두세요.

B We only have tickets for the VIP section. VIP 구역 표들만 있어요.

TIP only have는 '~ 밖에 없다'라는 말이 됩니다.

A How much are those? 그것들은 얼마인데요?

TIP 복수명사의 가격을 물어볼 땐 How much is ~?가 아니라 How much are ~?가 맞습니다.

B Each ticket is $175 plus tax. 한 장에 175달러에 세금 추가입니다.

TIP plus tax는 제시한 가격에 세금을 추가로 내야 한다는 말입니다.

✱ 핵심표현

each (명사) 각각의 (명사) / (명사) 각자
→ 'each' 뒤에 나오는 명사는 무조건 단수로 쓰세요.

- Each customer will receive 2 tickets. 손님 각자 표 두 장을 받으실 것입니다.
- Each person has a unique name. 사람은 각자 고유의 이름이 있다.

✱ 골라 쓰기 좋은 어휘들 ✱

student 학생	piece 조각	chapter 챕터, 장	sentence 문장
one 것	group 그룹	color 색	ticket 표
day 날	car 자동차		

✱ 핵심표현 응용해보기

1. 학생 각자 책 한 권을 가지고 있어.
   → Each student has _____ .

2. 아이 각자 풍선 하나를 가지고 있어.
   → Each child _____ .

3. 각각의 사진은 달라.
   → Each _____ .

4. 각각의 페이지는 다른 숫자를 가지고 있어.
   → _____ .

🅔 마유 SAYS

뮤지컬 티켓은 굉장히 비싸지만, Times Square에 있는 TKTS 같은 곳에서 당일 또는 익일 티켓을 저렴하게 구매할 수 있습니다. 남는 티켓이나 취소 표를 할인한다고 알려져 있기 때문이죠.

정답 | 1. a book 2. has a balloon 3. picture is different 4. Each page has a different number

UNIT 15 호텔 인터넷이 말썽이네

CHAPTER 5 · 2022 상편 Day 060 · 1672회

A I can't connect to the Internet. 인터넷에 연결이 안 돼요.
TIP Internet은 일반적으로 the와 함께, 그리고 'I'를 대문자로 사용하는 게 좋습니다.

A I typed in the correct password. 맞는 패스워드를 쳐서 넣었는데요.
TIP correct(올바른) 대신 right(맞는)를 쓰기도 합니다.

B Let me reset the router. 공유기를 리셋할게요.
TIP '무선 공유기'는 wireless router라고 합니다.

B It acts up sometimes. 가끔 말을 안 들어요.
TIP 뭔가 act up 한다는 것은 기계가 말을 안 듣거나 피부가 뒤집어진다는 뜻입니다.

* 핵심표현

type in (명사) (명사)를 쳐서 넣다
→ 문자 그대로 '타자하여 입력'하는 것입니다. enter(입력하다)보다 덜 격식 있는 표현입니다.

- Please type in your full name. 성명을 쳐서 넣으세요.
- I typed in the correct number. 맞는 숫자를 쳐서 넣었는데요.

* 골라 쓰기 좋은 어휘들 *

your password 당신의 패스워드
my last name 나의 성
your email address 당신의 이메일 주소

your date of birth 당신의 생년월일
the right address 맞는 주소

* 핵심표현 응용해보기

1. 당신의 패스워드를 쳐서 넣어 주세요.

→ Please type in _____.

2. 당신의 생년월일을 쳐서 넣어 주세요.

→ Please type _____.

3. 전 맞는 주소를 쳐서 넣었어요.

→ I _____.

4. 전 방금 저의 성을 쳐서 넣었어요.

→ _____.

마유 SAYS

고객 센터에 전화하면 종종 'Please enter A followed by B.'라는 말을 들을 수 있습니다. A를 입력한 후 B를 입력하라는 말입니다. ⓔ Please enter your phone number followed by the pound sign. (전화번호 입력 후 '우물 정'자를 누르라는 말)

정답 | 1. your password 2. in your date of birth 3. typed in the right address 4. I just typed in my last name

UNIT 16 완벽한 구도로 사진 찍기

2022 상편 Day 100 | 1712회

❶ Could you take a picture of me and my mom?
❷ I want that fountain in the picture.
❸ Sure. Step forward a little bit.
❹ OK. Perfect. Stay still!

A Could you take a picture of me and my mom?
엄마랑 제 사진 좀 찍어 주실 수 있을까요?

TIP 사진을 찍어 준다는 표현은 take a picture of/for (someone)으로 씁니다.

A I want that fountain in the picture. 사진에 저 분수가 들어가면 좋겠어요.

TIP fountain(분수)과 waterfall(폭포)을 헷갈리지 마세요.

B Sure. Step forward a little bit. 그럼요. 앞으로 좀 나오세요.

TIP 뒤로 물러나라고 할 때는 step back을 쓰세요.

B OK. Perfect. Stay still! 좋아요. 완벽해요. 그대로 있으세요!

TIP still은 몸을 움직이지 않는 얼음 같은 상태를 말합니다.

* 핵심표현

want (명사) in the picture 사진에 (명사)가 들어가면 좋겠다
→ 조금 더 예의 있으려면 want 대신 would like를 써도 좋습니다.

예 I want this car in the picture. 사진에 이 자동차가 들어가면 좋겠어요.
예 I want that horse in the picture. 사진에 저 말이 들어가면 좋겠어요.

골라 쓰기 좋은 어휘들

the tree 그 나무   this car 이 자동차   the statue 그 조각상   the palace 그 궁
the horse 그 말   that tower 저 타워   the fountain 그 분수

* 핵심표현 응용해보기

1. 그 나무가 사진에 들어가면 좋겠어요.

→ I want the tree _____.

2. 그 조각상이 사진에 들어가면 좋겠어요.

→ I want the _____.

3. 이 오토바이가 사진에 들어가면 좋겠어.

→ I want _____.

4. 그 바위가 사진에 들어가면 좋겠어?

→ _____?

🗨 마유 SAYS

사진을 찍어 달라고 할 때 아예 'Could you take a picture of me with OOO?'라고 하면 누구의 사진을 찍어 줄지, 무엇과 함께 찍어 줄지를 한 번에 물어볼 수 있습니다.

정답 | 1. in the picture 2. statue in the picture 3. this motorcycle in the picture 4. Do you want the rock in the picture

UNIT 17 화장실을 자주 가는 나

2021 하편 Day 075 | 1557회

CHAPTER 5

A Do you mind if we switch seats? 우리 자리를 바꾸면 꺼리실까요?
TIP switch seats는 '서로 자리를 맞바꾼다'라는 덩어리 동사입니다.

B No, I don't mind. 아뇨, 안 꺼려요.
TIP Do you mind로 물어보는 것에 No.를 하면 오히려 허락한다는 의미가 됩니다.

A I go to the restroom often so.... 제가 화장실을 자주 가서요….
TIP often의 't'는 발음해도 되고 안 해도 좋습니다.

B Don't sweat it. I understand. 걱정 마세요. 이해해요.
TIP Don't sweat it.은 괜찮다는 의미입니다. 비슷하게는 No sweat.이 있습니다.

* 핵심표현

Do you mind if (평서문)? (평서문)이면 꺼리실까요?

→ mind를 '괜찮다'가 아닌 '꺼린다, 신경 쓰인다'로 직역하는 것을 강력 추천합니다.

- Do you mind if I sit here? 제가 여기 앉으면 꺼리실까요?
- Do you mind if my friend joins us? 제 친구가 저희와 함께하면 꺼리실까요?

> *** 골라 쓰기 좋은 어휘들 ***
>
> I sit here 제가 여기에 앉다
> my son sits here 제 아들이 여기에 앉다
> I take this chair 이 의자를 가져가다
> I recline my seat 제 자리를 뒤로 젖히다

* 핵심표현 응용해보기

1. 제가 당신의 펜을 쓰면 꺼리실까요?
   → Do you mind if I _____?

2. 제가 당신 옆에 앉으면 꺼리실까요?
   → Do you mind if _____?

3. 저희가 여기서 기다리면 꺼리실까요?
   → Do you _____?

4. 제가 당신의 전화기를 빌리면 꺼리실까요?
   → _____?

마유 SAYS

Do you mind if ~? 대신 Is it okay if ~?를 쓰면 더 캐주얼하면서도 충분히 예의 있는 표현이 됩니다. Would you mind if ~?를 쓰면 Do you mind if ~?보다 심지어 더 격식을 차리는 느낌이 됩니다.

정답 | 1. use your pen 2. I sit next to you 3. mind if we wait here 4. Do you mind if I borrow your phone

UNIT 18 긴급 의료 상황

CHAPTER 5 | 2021 하편 Day 105 | 1587회

① Is there a doctor in here?
② I'm a doctor. What's going on?
③ This man is not breathing.
④ I'll have a look. Somebody, call 911.

문장별 꿀팁

A Is there a doctor in here? 이 안에 의사분 계신가요?
TIP doctor를 친근하게 줄여 doc이라고도 합니다.

B I'm a doctor. What's going on? 제가 의사입니다. 무슨 일이죠?
TIP going on은 happening처럼 뭔가 '벌어지고 있는'이란 뜻입니다.

A This man is not breathing. 이 남자분이 숨을 안 쉬어요.
TIP breathe(숨을 쉬다)와 breath(숨)를 헷갈리지 마세요.

B I'll have a look. Somebody, call 911.
제가 살펴볼게요. 누가 911 좀 부르세요.
TIP 미국에서는 응급 전화가 119가 아니라 911입니다.

✽ 핵심표현

Is/Are there (명사)? (명사)가 있나요?
→ 뭔가의 존재를 표현하는 패턴인 There is/are ~의 질문형 패턴입니다.

- 예) Is there a nurse in here? 이 안에 간호사분 계신가요?
- 예) Is there a copier in here? 이 안에 복사기가 있나요?

✽ 골라 쓰기 좋은 어휘들 ✽

a doctor 의사	many girls 많은 여자애들	any Koreans 한국 사람들
any men 남자들	a problem 문제	an ATM 현금 인출기
water 물		

✽ 핵심표현 응용해보기

1. 이 안에 의사가 있나요?

→ Is there a _____ ?

2. 냉장고 안에 물이 있니?

→ Is there _____ ?

3. 네 수업에 많은 학생들이 있니?

→ Are _____ ?

4. 문제가 있나요?

→ _____ ?

🅴 마유 SAYS

911에 전화를 했을 때 What is your emergency?라는 질문을 무조건 받게 되는데, 도저히 영어로 소통할 자신이 없다면 정말 간단히 Korean, please.라고만 해도 한국어 통역사에게 바로 연결해 삼자 통화 형태로 통화가 가능합니다.

정답 | 1. doctor in here 2. water in the fridge[refrigerator] 3. there many students in your class 4. Is there a problem

UNIT 19 의자 빌려 쓰기

A Excuse me. Are you using this chair?
실례합니다. 이 의자 쓰고 계신가요?

TIP Excuse me. 대신 I'm sorry, but...도 자주 사용합니다.

B Oh, no. You can take it.   오, 아뇨. 가져가셔도 돼요.

TIP 여기서 can은 허락을 나타내는 조동사입니다.

B Let me move it for you.   제가 옮겨 드리죠.

TIP Let me ~.는 '~할게요'라는 의미로 I will ~.보다 부드럽고 예의를 차린 패턴입니다.

A Oh, it's very kind of you.   오, 엄청 친절하시군요.

TIP 특히 조금 전의 행동에 대한 반응이라면 it 대신 that도 자주 사용합니다.

* 핵심표현

It's very (형용사) of you. 엄청 (형용사)하시군요.
→ 항상 긍정적인 형용사만 쓸 필요는 없습니다. 또한, you도 다른 목적어로 응용하세요.

- 예 It's very sweet of you. 엄청 다정하시군요.
- 예 It's very nice of you. 엄청 좋으시군요. (→ 친절하시군요.)

* 골라 쓰기 좋은 어휘들 *

| kind 친절한 | sweet 다정한 | generous 관대한 | selfish 이기적인 |
| thoughtful 배려심 있는 | mean 못된 | brave 용감한 | |

* 핵심표현 응용해보기

1. 당신 엄청 친절하시군요.
→ It's very _____.

2. 당신 엄청 다정하시군요.
→ It's _____.

3. 그녀는 엄청 용감하군요.
→ It's very _____.

4. 당신은 엄청 이기적이군요.
→ _____.

🗨 마유 SAYS

상대방의 행동이나 말에 더욱 간단히 감탄할 때는 'How (형용사)!'라는 패턴으로 말하면 됩니다.
예 How sweet! / How thoughtful! / How selfish!

정답 **1.** kind of you **2.** very sweet of you **3.** brave of her **4.** It's very selfish of you

UNIT 20 반려동물 호텔

문장별 꿀팁

A Are pets allowed in the hotel? 호텔 내에 반려동물이 허용되나요?
TIP pet은 '반려동물'이라는 뜻도 되지만 '반려동물을 쓰다듬다'라는 동사도 됩니다.

B Yes, we have pet-friendly rooms. 네, 반려동물 친화 방이 있습니다.
TIP 명사 뒤에 -friendly를 붙이면 '(명사) 친화적인'이란 단어가 만들어집니다.

A I'm bringing two small dogs. 작은 개 두 마리를 데려가는데요.
TIP 확정된 미래 사실을 알리기 위해 'be (~ing)' 시제를 쓴 것입니다.

B It's $20 extra for each pet. 반려동물 한 마리당 20달러 추가입니다.
TIP 'for each (명사)'는 '(명사) 하나당'으로 해석할 수 있습니다.

✽ 핵심표현

allowed in (장소) (장소) 내에 허용되는
→ 한정된 장소임에도 불구하고 at이 아닌 in을 써서 '~ 안쪽'임을 강조합니다.

- 예) Water is not allowed in the theater. 물은 극장 내에 허용이 안 됩니다.
- 예) Children are allowed in there. 아이들은 그 안에 허용이 됩니다.

> ✽ 골라 쓰기 좋은 어휘들 ✽
>
> the warehouse 창고　　the store 상점　　the restaurant 식당
> the cafe 카페　　　　 the waiting room 대기실　the building 건물
> the library 도서관

✽ 핵심표현 응용해보기

1. 반려동물들은 대기실 내에 허용되지 않습니다.
   → Pets are not allowed _____.

2. 아이들은 창고 내에 허용되지 않습니다.
   → Children are not _____.

3. 음식은 도서관 내에 허용되지 않습니다.
   → Food is _____.

4. 음식이 상점 내에 허용이 되나요?
   → _____?

🗨 마유 SAYS

호텔에 반려견을 데려가도 되는지 물어볼 때, 오늘 배운 '(명사)-friendly'를 사용하여, Is your hotel pet-friendly?라고 물어봐도 좋습니다.

정답 | 1. in the waiting room 2. allowed in the warehouse 3. not allowed in the library 4. Is food allowed in the store

QUIZ

1 다음 중 'room'을 <u>다른</u> 의미로 쓴 것은?

ⓐ There is no more room.   ⓑ We have 3 more rooms.
ⓒ Is there room for us?   ⓓ I want more legroom.

2 'because of' 뒤에 들어갈 수 <u>없는</u> 것은?

ⓐ you   ⓑ her mistake   ⓒ he forgot   ⓓ the weather

3 다음 중 맞는 문장은?

ⓐ Do you have these in pink?
ⓑ Do you have this skirt yellow?
ⓒ Do you have this blouse for white?
ⓓ Do you have these socks with blue?

4 다음 중 <u>틀린</u> 문장은?

ⓐ We went on a trip.
ⓑ She took a trip to London.
ⓒ They are going to a trip soon.
ⓓ She is going on a business trip to Japan.

5 '24/7'의 의미는?

ⓐ 하루 종일   ⓑ 편리한   ⓒ 일 년 내내   ⓓ 매번

🍃 TIP

1 '3 more rooms'를 복수로 썼다는 것은 셀 수 있는 '방'이라는 의미입니다.
2 'because of' 뒤엔 명사나 (~ing)만 가능해요. 'he forgot'은 명사가 아니죠.
3 색상 앞에는 'in'을 써야 하고, 여기서 'these'는 '이것들'이란 명사일 뿐입니다.
4 'trip' 자체는 목적지가 아니므로 'to'를 쓸 수 없습니다.
5 '24/7'은 '하루 24시간, 일주일에 7일' 즉, '일 년 내내'라는 뜻입니다.

CHAPTER 5

6 다음 중 틀린 문장은?

ⓐ I have two luggages.
ⓑ She has lost her bags.
ⓒ Where is my baggage?
ⓓ Don't forget your suitcase.

7 '$100 plus tax'라는 말은?

ⓐ 100달러에 수수료 추가
ⓑ 세금 포함 100달러
ⓒ 100달러에 세금 면제
ⓓ 100달러에 세금 추가

8 'act up' 한다는 의미는?

ⓐ 오버하다
ⓑ 기계가 말을 안 듣다
ⓒ 적극적으로 참여하다
ⓓ 매끄럽게 진행되다

9 'Do you mind if I sit here?'라는 질문에 '앉으세요.'라고 대답하고 싶다면?

ⓐ Yes.   ⓑ Actually, yes.   ⓒ I do mind.   ⓓ No.

10 다음 중 어색한 문장은?

ⓐ What's going on here?
ⓑ Is your hotel pet-friendly?
ⓒ Water is not allowed at the theater.
ⓓ Don't sweat it.

🔖 TIP

6 'luggage'와 'baggage'는 셀 수 없는 단어니까 복수는 안 되겠죠?
7 참고로, '$100 including tax'라고 하면 100달러에 이미 세금이 포함된 것입니다.
8 'act up'은 피부가 뒤집어진다는 의미도 된다고 했죠?
9 'No.'라고 해야 '아니요, 꺼리지 않아요.'가 됩니다. *'No, go ahead.'를 쓰는 걸 추천
10 극장은 한정된 장소지만, 그 '안에'라는 것이 강조하려면 'at' 말고 'in'을 써야 합니다.

정답 | 1. ⓑ 2. ⓒ 3. ⓐ 4. ⓒ 5. ⓒ 6. ⓐ 7. ⓓ 8. ⓑ 9. ⓓ 10. ⓒ

> 마유's Pick 사용빈도 1억 단어 ♥

☐ **laugh** 웃다
- 예 She laughed out loud. 그녀는 큰 소리로 웃었어.
- 예 Are you laughing at me? 너 나 비웃는 거야?

☐ **near** 가까운; 근처에
- 예 The future is near. 미래가 가깝습니다.
- 예 I live near here. 나 이 근처에 살아.

☐ **alone** 혼자; 외로운
- 예 He sat alone. 그는 혼자 앉았어.
- 예 I ate alone today. 나 오늘 혼자 밥 먹었어.

☐ **beach** 해변
- 예 Let's go to the beach. 해변에 가자.
- 예 The beach was crowded. 해변이 북적였어.

☐ **bored** 지루한, 심심한
- 예 I am so bored. 나 엄청 심심해.
- 예 He looked bored. 그는 지루해 보였어.

☐ **prepare** 준비하다
- 예 I am preparing dinner. 나 저녁 준비 중이야.
- 예 Prepare for the test. 시험 준비해.

☐ **different** 다른
- 예 It's a different color. 그건 다른 색이야.
- 예 We have different tastes. 우리는 취향이 달라.

☐ **finish** 끝내다
- 예 Finish your homework first. 숙제부터 끝내.
- 예 Let's finish it today. 그거 오늘 끝내자.

- **weekend** 주말
  - 예 What are you doing this weekend? 너 이번 주말에 뭐 해?
  - 예 I relaxed all weekend. 난 주말 내내 쉬었어.

- **hold** 잡다
  - 예 Hold my hand. 내 손을 잡아.
  - 예 I held the door for her. 난 그녀를 위해 문을 잡아 줬어.

- **slow** 느린
  - 예 You are too slow. 넌 너무 느려.
  - 예 This computer is unbelievably slow. 이 컴퓨터는 믿을 수 없을 정도로 느려.

- **difficult** 어려운
  - 예 This test is difficult. 이 시험 어려워.
  - 예 English is not so difficult to learn. 영어를 배우는 게 그렇게 어렵진 않아.

- **fall** 떨어지다, 넘어지다
  - 예 Something fell from the tree. 뭔가 나무에서 떨어졌어.
  - 예 She fell on the ice. 그녀는 빙판에서 넘어졌어.

- **surprise** 놀라게 하다
  - 예 My parents surprised me. 부모님이 날 놀라게 하셨어.
  - 예 Let's surprise Jenny. Jenny를 놀라게 해 주자.

- **push** 밀다
  - 예 Push the door. 문을 밀어.
  - 예 Stop pushing me! 나 좀 그만 밀어!

- **watch** 보다
  - 예 Watch this video. 이 영상을 봐.
  - 예 I am watching a movie at home. 나 집에서 영화 보는 중이야.

마유's Pick 사용빈도 1억 표현

- ☐ **Keep the change.** 잔돈은 됐어요.
- ☐ **In your dreams!** 꿈 깨!
- ☐ **I'm lost.** 저 길 잃었어요.
- ☐ **Will do!** 그럴게요!
- ☐ **Let's keep in touch.** 연락하며 지내자.
- ☐ **Lunch is on me.** 점심은 내가 낼게.
- ☐ **Please don't cut in line.** 새치기하지 말아 주세요.
- ☐ **Look out!** 조심해!
- ☐ **Bless you!** 신의 은총이 있기를! (상대방이 재채기했을 때)
- ☐ **Have a good one!** 좋은 하루 되세요!
- ☐ **It happens with age.** 나이 들면 그렇죠 뭐.
- ☐ **It's been forever!** 오랜만이다!
- ☐ **Have we met before?** 우리 구면인가요?
- ☐ **Could you give me a wake-up call?** 전화로 깨워 주실 수 있을까요?
- ☐ **Put down your phone.** 전화기 내려놔.
- ☐ **Put it back in its place.** 제자리에 도로 가져다 놔.
- ☐ **Could you take a picture for us?** 저희 사진 좀 찍어 주실 수 있을까요?
- ☐ **Can I get your autograph?** 사인해 주실 수 있어요?
- ☐ **Let's catch a movie.** 영화 보러 가자.
- ☐ **Give it a try.** 한번 해 봐.

> '한국어를 영어로 바꿔 보는 습관이 과연 도움이 될까?'
> 네, 당연히 도움이 됩니다. 그리고 그 효과는 절대적입니다.
>
> 인간은 말을 할 때 언어 자체를 떠올리진 않습니다.
> 단순히 이미지를 떠올려 그것을
> 1. 본능적으로 편한 언어 혹은
> 2. 상황에 맞는 언어로 순간적으로 변환해 내뱉을 뿐입니다.
>
> 길을 가다 예쁜 여자를 보고
> '아(감탄사)! + 그녀는(주어) + 예쁘다(형용사).' 하진 않죠.
> 단순히 '예쁜 여자를 봤다는' 느낌만 들게 하고,
> 친구에게 말할 때 비로소 언어로 처리합니다.
>
> 이때 친구가 한국인이라면 본능적으로 편한 한국어로 처리하는 것이고,
> 원어민이라면 뇌에서 한국어를 영어로 순간적으로 변환하여 내뱉는 것입니다.
> 이때, 훈련이 되지 않은 사람은 변환 속도가 느려 '버벅댐'이 발생하는 것이고,
> 훈련된 사람은 변환 자체가 너무나 순간적이어서(거의 무의식 수준)
> 유창하게 들릴 뿐입니다.
>
> 한국어를 영어로 변환하는 훈련이 효과가 없다면,
> 동시통역사란 직업은 존재할 수 없었겠죠?
>
> 입영작 훈련으로 순간적으로 영어가 튀어나오는 그날까지,
> 남들이 '아는 영어' 할 때, 우린 '하는 영어' 하겠습니다.
> 즐거운 여정은 이제 시작입니다. 마유가 여러분과 평생 함께하겠습니다.
>
> Yours,
> MAYU (Master Eugene)